TODO MUNDO TEM UMA HISTÓRIA PRA CONTAR

PREFÁCIO

As histórias que você conhecerá aqui fazem parte do acervo do Museu da Pessoa, um museu virtual de histórias de vida aberto a toda e qualquer pessoa da sociedade. As histórias deste livro foram escolhidas de um acervo de mais de 15 mil depoimentos, construído ao longo de 20 anos de muito trabalho. Foram anos de uma escuta minuciosa e de encantamento diário com a vida vivida e narrada pelos personagens mais diversos. Entre tanta coisa que aconteceu nesse período, fica uma certeza: cada história de vida é, de fato, uma nova janela que abrimos para conhecer o mundo. Cada pessoa tem seu olhar, sua emoção, sua trajetória, e tem algo para nos ensinar.

Nessas duas décadas, aprendemos muito também sobre o Brasil. Um país riquíssimo em memória, ou melhor dizendo, memórias: orais, escritas, dançadas, cantadas. Um Brasil muitas vezes invisível para a grande maioria das pessoas. Como, então, colocar tudo isso em um livro? Não cabe. Não cabe em uma vida, em mil vidas. Por isso, escolhemos apenas vinte histórias. Histórias inspiradoras, que revelam o tesouro que acabamos por reunir. Um acervo a ser compartilhado, cuidado e celebrado.

Foi difícil montar este livro. As histórias são absolutamente envolventes e longas. Cada entrevista rendeu mais de cinquenta páginas de transcrição. Ao todo, são quase cem horas de gravação. O que temos aqui são recontos. Recontos feitos por muitos autores. A começar com o narrador e seus entrevistadores, mas passando também por transcritores, editores, revisores e pela edição final. Sempre com o esforço de preservar o tom das falas, o ritmo de cada pessoa, o olhar e as características de cada personagem.

Para apresentar essas histórias, contamos com um grupo de cronistas de primeiro time, amigos e apoiadores do Museu convidados a interpretar o universo sugestivo desses personagens da vida real.

Durante toda a trajetória do Museu, foram muitos os apoios que tivemos. Queremos agradecer a todos. Eles foram imprescindíveis, pois um sonho só é viável quando abraçado por muitos. Conosco, muitas pessoas e instituições acreditaram que ao ler uma história é possível contribuir para mudar o nosso jeito de ver o mundo. Então, boa leitura!

José Santos e Karen Worcman

SUMÁRIO

A HISTÓRIA DE

- ANTÔNIO BASTIÃO
- MARIA FLORESCELIA PIOVAN
- YONEKO SEIMARU
- ROSA FAJERSZTAJN
- MANOEL VASCONCELOS
- ELIFAS ANDREATO
- NEIVES BAPTISTA
- VALDETE CORDEIRO
- SEBASTIÃO MARINHO
- RODRIGO MENDES
- ALOISIO PELLON
- MARIA SYLVIA MATOS
- GERALDO PRADO
- IDALIANA DE AZEVEDO
- ANTONIA FOGO
- MICA COSTA-GRANDE
- RAÍ DE OLIVEIRA
- ROBERTO DA SILVA
- MARIA DE LOURDES SAMPAIO
- AILTON KRENAK

APRESENTADA POR

Luiz Ruffato	9
Martha Medeiros	17
Nirlando Beirão	24
Alberto Dines	33
Regina Casé	40
Mauro Malin	48
Milton Jung	56
Ana Maria Gonçalves	64
José Roberto Torero	72
Danilo Santos de Miranda	80
Marta Góes	87
Wellington Nogueira	95
Paul Thompson	104
Luiz Egypto	113
Heloisa Buarque de Hollanda	121
David Oscar Vaz	129
Carlos Alberto Cândido	139
João Roberto Ripper	146
Eliane Brum	154
Washington Novaes	164

ANTÔNIO BASTIÃO

POR LUIZ RUFFATO

NOSSA PATENTE

Meu pai também se chamava Sebastião. Sebastião Cândido de Souza. Nascido em Guidoval, pequena cidade da Zona da Mata mineira, muito cedo ficou órfão. Então, levado para Dona Eusébia, município vizinho, criou-se como agregado da família Nalon. Em Cataguases, para onde se mudou após o casamento, era conhecido como Sebastiãozim Pipoqueiro, devido à sua profissão, Sebastião da Geni (nome da minha mãe), Tiãozim, por causa de sua baixa estatura, Tatão e, finalmente, Sebastião Nalon.

Sebastião teve um irmão mais velho, Arlindo, a quem conheceu apenas quando adolescente, já que foram separados quando perderam os pais. Este meu tio sofria de "atraso mental" e possuía verdadeiro fascínio por relógios. Várias vezes meu pai tentou trazê-lo para morar conosco, mas ele recusava, pois gostava da liberdade de cavar seu sustento, alugando sua enxada na capina de quintais. Mas todo dinheiro que arrecadava destinava à compra de novos relógios. Devia ter centenas deles escondidos em algum lugar. Quando morreu, no entanto, nenhum foi localizado.

Também meu pai cultivava um enorme respeito pela natureza. Crescendo na roça, no meio de bichos e plantas, ele mesmo bicho e planta, encantava as crianças com seu poder de hipnotizar cobras. Toda vez que alguém encontrava uma no quintal ou até mesmo dentro de casa, geralmente depois das enchentes, que até hoje castigam a cidade, ele era convocado. Chegava e, após conversar mansamente com a serpente, que o ouvia atenta, segurava-a pelo pescoço e soltava-a no meio do mato ou nas águas do rio, cercado pela molecada em algazarra. Não sei o que ele dizia, mas elas nunca mais voltavam...

Um dia, Sebastião desencantou-se com os ensinamentos católicos e passou a buscar alguma confissão que lhe agradasse. Primeiro, entrou para a Igreja do Evangelho Quadrangular, numa época em que a Igreja de Cataguases condenava os poucos metodistas e membros da Assembleia de Deus, junto com maçons e ateus, ao fogo eterno do inferno. Inicialmente, o salão funcionava numa tenda, que dava ao culto um ar circense. Mas logo meu pai se desentendeu com o pastor e durante anos zanzou de denominação em denominação, até finalmente encontrar-se na Igreja Presbiteriana Maranata, onde chegou a diácono.

Por tudo isso, eu, como Mestre Antônio, tenho muito orgulho de ser filho de Sebastião, e posso repetir, como ele: "Quando falam Bastião, eu me lembro do meu pai, e isso pra mim é bom demais", e depois eu viro e falo: "Mas pode chamar, na verdade eu tenho mesmo uma patente, graças a Deus".

Luiz Ruffato é escritor, com livros publicados na Argentina, Portugal, Itália, França e Alemanha.

ANTÔNIO BASTIÃO

NASCEU EM 1943,
EM MINAS NOVAS, MINAS GERAIS

"A VIDA ERA ASSIM, ERA BOA, TINHA AQUELA HUMILDADE, COMO UNS PÁSSAROS DO MATO."

DEPOIMENTO AO MUSEU DA PESSOA EM 15/12/2009

O nome do meu pai era Sebastião Luiz dos Santos, e meu avô chamava Artur Luiz Pereira. A minha mãe era Maria das Dores de Matos, e é por isso que eu tenho esse nome, Antônio Luiz de Matos. Meus avós e meus pais também nasceram no Capivari, e dou essa continuação lá até hoje. Quando tinha muita gente reunida, quando era festa, a comida era frango caipira, galinha feita na panela de barro no fogão de lenha, café, moía a cana, com a garapa da cana fazia o café, tudo bem natural, tudo da terra mesmo, nada de indústria e essas coisas. A comida era canjiquinha de milho com feijão muito gostoso, ora-pro-nóbis, que tem uma proteína fora de série, e outros tipos de folha, tudo mesmo – folha de taioba, folha de batata –, fazia aqueles virados de feijão com muito torresmo, com muita carne, tudo de porco caipira; matava, porque tinha tudo, tinha galinha da própria roça, sobrevivia, era tudo assim.

Meu pai era lavrador, meu avô também era lavrador, e deu seguimento para nós. Plantavam feijão e mandioca, que na língua nossa é manaíba, e em outras ocasiões é macaxeira. A gente sobrevivia disso. A minha avó Flozina trabalhava fazendo peneira, esteira. Minha família plantava feijão, arroz, a terra da gente era brejada, de brejo, e plantava muito arroz, banana, cana, abóbora, a gente sobrevivia disso. E outras coisas – horta, vários tipos de legumes, bem assim, tirados da terra.

Meu pai casou duas vezes, minha mãe morreu muito nova. Sou da primeira mulher dele, somos quatro irmãos. E mais quatro com a segunda. Ele teve a sorte de casar duas vezes, e parece até que peguei um seguimento dele, porque também sou viúvo. Minha esposa é falecida, mas pra mim está dando uma dificuldade pra casar, porque hoje está assim, meio complicado. Naquele tempo era muito fácil, o pessoal era mais simples. O pessoal hoje está muito ativo. Graças a Deus, né?

Vou falar do meu avô. Eles tratavam meu avô de Artur Barreiro, porque onde ele morou tinha uma olaria. Aí colocaram esse nome nele de Artur Barreiro. Para sobreviver mais minha avó, ele fez a olaria pra fazer telha, minha avó fazia panela, fazia prato, aquelas gamelas de lavar pé. Não tinha banheiro; tomavam banho com as cuias, e as cuias eram de barro. Fazia umas cuionas de barro, punha água na cabeça pra poder lavar... Os meninos iam até o rio buscar água, iam lavar o coador pra fazer um café, pra tomar banho. A vida era assim, era boa. Tinha aquela humildade, como uns pássaros do mato. Os passarinhos saem voando e ficam bem felizes, não importa o que está acontecendo, se vem chuva, se não vem, se vem sol...

MEU AVÔ GOSTAVA MUITO DE CANTAR. HOJE CHAMAM DE REPENTISTA. O MEU AVÔ CANTAVA COCO, E BATIA NOS TAMBORES. ELE ERA UMA PESSOA MUITO INCENTIVADA PELA HISTÓRIA DO PASSADO, ERA DEDICADO.

E tinha brincadeira de criança, caboclo, dança, roda de viola, nove, papai ferreira. É uma dança que dança trocando as mãos e os pares, num cruzamento. E tinha vilão, tinha o canto do mangangá, tudo nessa linha africana, coisas mesmo de raiz.

Hoje sou membro do congado de São Benedito, toco acordeom, acompanhando os cantos do congado. Uma música é dos homens pretos de Santa Efigênia, Nossa Senhora do Rosário, de Minas Novas. É assim: "Eu vim do congo, vim trazendo nosso congado, vim trazer nosso congado. Agradeço São Benedito, Santa Efigênia e Nossa Senhora do Rosário". Tem outra que fala assim: "Eu vi Santa Rosa na beira da mata, vestida de branco e coroada de prata...". São do tempo mesmo dos escravos, música buscada deles, dos escravos, daquele sofrimento que acontecia. E no *Velho Testamento* está que todo mundo é irmão, e tem uma história que diz assim: "Somos todos irmãos do Rosário". E por isso temos esse respeito com a religião, esse cuidado com a Nossa Senhora do Rosário. Porque Nossa Senhora do Rosário é poderosa. Ela dá uma força, e por isso dizemos que somos unidos do Rosário, porque o Rosário vem de Maria, e essa história que o rosário vem de Maria tem uma sequência fundamental. Isso tudo veio da minha avó. Ela rezava terço, rezava ofício de Nossa Senhora. Isso veio tudo da minha família mesmo, aprendi tudo com eles. Tinha uma tia que rezava uns terços bonitos, chamava Laurinda. Não pude aprender a ler nem escrever. Não tive condições, né? Porque ninguém tinha o direito de aprender a ler e escrever; mas Deus guardou aqui na minha memória essas coisas, e isso está me ajudando muito.

E falo mais pros meus filhos: "Meus filhos, eu conto tudo pra vocês verem como é que era o tempo passado, como é que era o sofrimento do seu tataravô, do seu avô, até mesmo do seu pai até certa altura, e por isso que eu tenho esse cuidado com vocês". Eu conto isso porque aconteceu, não estou mentindo abaixo de Deus. E aí, quando vinha gente de fora igual a vocês, pessoas de cidade grande que chegam e procuram... Quando começou a Rede Globo, a Rede Vida a chegar em Minas Novas, com aquelas caravanas: "Onde mora o Mestre Antônio?" Alguém falava: "Um analfabeto daquele?" Aí apareceu lá um pessoal de Belo Horizonte, pra fazer uma entrevista comigo. Chegaram lá em Minas Novas, procuraram um moço do fórum: "Você conhece o Mestre Antônio?" Ele disse: "Esse aí eu não conheço, não; eu conheço um Antônio Bastião". Mas o pessoal enfiou a mão na pasta e arrancou o documentário: "Eu estou procurando o Mestre Antônio!" Encarou ele assim e o cara ficou todo... O cara trabalhava no fórum.

Agora, o meu aprendizado com os instrumentos musicais veio mesmo do meu avô. Meu avô fazia pro grupo dele. Inclusive peguei o grupo, e depois fiz questão de entrar mais na área das crianças, justamente pra incentivar. E é muito bom, tira menino de rua, é um trabalho incentivando e atraindo crianças pra não ficarem na rua, que não vale a pena. Meu avô fazia os instrumentos pra ele, pros outros grupos, fazia pra folia de Nossa Senhora do Rosário, aquelas caixas muito grandes, e foi tocando esse trem até que ele faleceu... Inclusive tenho lá em casa umas caixas que foi ele que fez. Só fiz reformar. Na Igreja do Rosário tem os tambores; tem um tamborzão preto enfumaçado, feito por ele. Lá em casa, na roça, também tem. Um tal de Antônio, que é tamborzeiro, também bate tambor; é uma herança que vem da raiz dos meus antepassados, e estou dando seguimento.

E tem também que ter respeito quando for pegar a madeira na natureza pra fazer os instrumentos, porque nós sobrevivemos do cerrado. É o cuidado com a natureza. Tem que estar preparado pra ter consciência, chegar lá com a alma limpa. Eu aprendi na hora de deitar na cama a fazer as orações pedindo proteção, pro seu anjo da guarda. E tem que escolher o dia certo. Não pode chegar aos trancos e barrancos, roçando tudo. Primeiro tem que pedir ao rei da mata. O ideal é fazer de novo suas orações, benzer seu corpo – "Pai, Filho e Espírito Santo" –, e entrar lá com a ferramentinha sua, consultar com as madeiras, ver qual você pode tirar pra não prejudicar aquelas pequeninas. Aquela lá em cima que tem folha, não pode mexer nela, porque ela é a sombra dos pequenos, ela é a casa dos pequenos, como você é a casa da sua criancinha, e você tem um cuidado total com ela.

Tudo quanto é lugar que eu dou curso, eu peço aos alunos: "Tenha esse cuidado que você vai se sair bem". E pega aquilo que a própria natureza está oferecendo e vai fazer um pandeiro, vai fazer uma caixa, que tem um som maravilhoso. Os tambores conversam com Deus, pode ter certeza. Onde os tambores estão tocando ninguém está pensando em fazer ruindade, pensando em roubar, pensando em matar. Os tambores têm um fundamento com o Pai do Céu, com a Nossa Senhora do Rosário; o manto de Nossa Senhora está ali cobrindo, ninguém está ali pra fazer maldade, mas sim pra agradar a Deus e aos anjos da guarda.

Mas tem isso de me chamarem de "mestre". Começou com a visita da Fundação de Arte de Ouro Preto. O moço fazia pesquisa e fez igual São Tomé: foi lá cheirar, ficou três dias em Minas Novas, foi pra roça, igual São Tomé, ficou só olhando. E eu mexo também com raiz, com ervas medicinais. Mostrei a ele as raízes, aquela serve pra isso, essa é boa pra isso. Aí ele me disse: "Sabe o que eu vim fazer mesmo aqui? Um convite pro senhor ir visitar Ouro Preto". Quando cheguei lá, eles já estavam com a mesa toda formada: "Olha, nós chamamos o senhor aqui porque lá no Vale do Jequitinhonha o senhor é o único nessa área dos tambores, na linha africana". E me convidaram pra fazer uma oficina. Eu nem sabia o que era isso! Na data marcada foi uma caravana lá, e acabou que fui agraciado, eles falaram que eu era um dos dez mestres.

OLHA, TRANSMITIR CONHECIMENTO É MUITO BOM E IMPORTANTE. ATÉ MESMO SE ALGUÉM DE BOA VONTADE APRENDE PRA PASSAR PARA OS OUTROS, PRA ISSO NÃO ACABAR.

Toda oficina que eu dou, todo curso que eu dou, na entrega do certificado eu passo pra eles essa missão: "Ó, contribui com seu amigo, ensina, faz igual eu faço, e você ensinando, não está ensinando a ele, está ensinando a você, porque você não vai ter dificuldade, porque passa a compartilhar como eu compartilhei com você. E um compartilhando com o outro a gente tem um seguimento muito adiante". Nesse mundo de hoje, a gente tem que ficar fazendo esse tipo de coisa... É da união que nasce a força. Se não tiver união as coisas não vão, fica tudo nos altos e baixos. Conheço vários locais que não têm união, e também não têm produção.

E olha, fico mesmo feliz demais de ensinar, sabe por quê? Fico feliz porque estou dividindo, estou compartilhando. Quando você compartilha, você é compartilhado; quando você tira um pedacinho do seu coração e cede pra alguém, pode ter certeza que nunca vai ter dificuldade na sua vida, porque quando você compartilha um prato de comida com uma pessoa que tem necessidade, são muitos anos de vida. As pessoas me olham e falam pra mim: "Nessa idade que está, a gente olha, e você com esse espírito forte". Meus filhos falam: "Pai, para de ficar andando, o senhor não aguenta, a idade que o senhor está...". Eu falo assim: "Já é o contrário, se eu ficar parado meu corpo dói".

Agora, quando alguém me chama de mestre, eu falo assim: "Não, com todo respeito, é Antônio Bastião". Eu gosto de ser chamado de Antônio Bastião por causa do meu pai, que se chamava Bastião. Quando falam Bastião, eu me lembro do meu pai, e isso pra mim é bom demais, e depois eu viro e falo: "Mas pode chamar, na verdade eu tenho mesmo uma patente, graças a Deus".

Maria Florescelia Piovan

POR MARTHA MEDEIROS

A ROTEIRISTA FLORESCELIA

"A pior coisa do mundo é a pessoa não ter coragem na vida." Entre tantas frases e situações bombásticas descritas por Florescelia em seu relato, essa é a que melhor descreve o combustível que necessitamos para trilhar o longo caminho desde o nascimento até a morte. Coragem.

Essa moça, que foi parida no Ceará, resolveu escrever um roteiro da sua vida e sonha em vê-lo filmado pelo espanhol Pedro Almodóvar, nada menos que Pedro Almodóvar, e diante dos fatos biográficos que ela descreve – sejam eles reais ou fictícios – percebe-se que não haveria mesmo cineasta mais adequado para a empreitada. Se é um delírio de grandeza, que seja.

Almodóvar é puro nonsense, o que é um alento nesse mundo onde tudo tem que ser ordenado, catalogado, explicado. Ele está além dos rótulos de brega ou chique, comédia ou drama, arte ou embromação. Sentimentos não têm estilo definido. São ilógicos por natureza.

Por que não podemos dizer "te amo" para um cara que conhecemos há cinco minutos? Por que não podemos nos tornar a melhor amiga de uma estranha? Qual o problema de combinar verde com roxo? E de fugir da cidade com o circo?

Florescelia fugiu com o "circo" – um homem desconhecido –, passou a viver 100 anos em 10 e nunca mais esperou por conveniências: desde cedo teve noção de que a vida é rápida e absurda. Suas dores e amores são vividos em cores berrantes, e não é de estranhar que tenha transformado sua saga num roteiro, pois além do conceito cinematográfico da palavra, roteiro também nomeia os trajetos de viagem, e não há viagem mais extraordinária e dilacerante do que percorrer os dias com o nervo exposto.

Florescelia entendeu como ninguém o que Almodóvar transmite em suas obras. A gente sempre busca um porquê, mas não existe porquê. Melhor dizendo: não existe só um. A vida é uma salada de emoções, piadas, lágrimas, sexo, pileques, encontros em elevadores, desencontros em aeroportos. A vida não é tão arrumadinha como a gente gostaria: é um caleidoscópio. Colorida. Disparatada. Engraçada. Trágica. Inquieta. Indecente. A vida é latina.

É em sua recusa em se adequar a padrões rígidos de comportamento que a trajetória de Florescelia avança, e ela, sem perceber, vai ficando cada vez mais liberada para rir, chorar e admitir que as coisas podem ter uma coerência própria, mesmo prescindindo de uma interpretação.

Florescelia é protagonista do filme que está escrevendo para si mesma, e a cena é longa: já se passaram anos e ela ainda promete surpreender no final. Não sei o que foi feito dela, mas admiro sua persistência e falta de medo, e concordo que cada passo, cada escolha, cada *take* da nossa biografia inconclusa mereceria uma tela de cinema. Afinal, "é tudo história", como ela mesma descobriu.

Martha Medeiros é escritora, publica crônicas semanais nos jornais *Zero Hora* e *O Globo*.

FLORESCELIA

NASCEU EM 1961,
EM PENTECOSTES, CEARÁ

"PRA MIM, O CINEMA TEM QUE TER O SONHO,
SEJA DO AMOR, SEJA DO DRAMA."

DEPOIMENTO AO MUSEU DA
PESSOA EM 14/06/2011

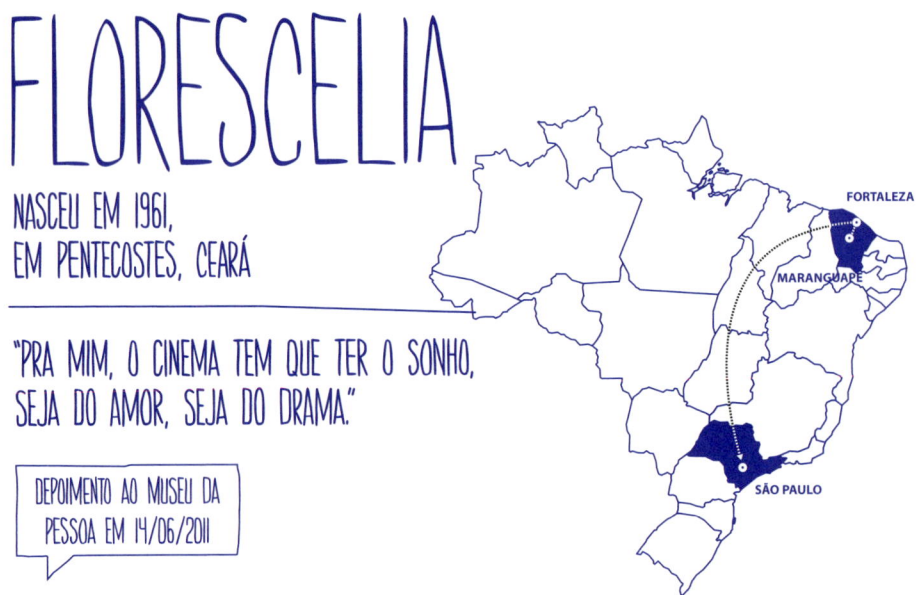

Sou apaixonada por cinema. Tinha ido ao cinema muito pouco lá em Fortaleza, porque o amante não ia pra cinema... e fui levando. E me apaixonei foi depois, assim, dos 30 anos. Porque assisti a dois filmes dele. Ai, meu Deus! Me apaixonei. Daí resolvi escrever o roteiro da minha vida. Da minha vida com a minha filha. Mais a vida dela do que a minha. Ela tem raiva disso. Digo: "Vou botar a história como ela é, sem enfeitar". E tudo o que está escrito ali é verdade.

Minha mãe morreu quando eu tinha 3 anos. Meu pai casou de novo, e eu morava com meus avós. A minha avó era muito ruim. Ela culpava o meu pai pela morte da minha mãe, e descontava em mim. E ainda sovinava comida. Não aguentei. Consegui ir para Maranguape, para a casa da minha tia. Então, fui lá pra Maranguape, que já tinha luz, era outra coisa. Aí, pensava assim: "Se aparecer um circo, vou embora com o circo. Se aparecer um homem, vou embora com esse homem". Apareceu o homem e daí eu fui.

Apareceu um cara, eu tinha 15 anos, fui embora. O negócio era ir pra mais longe e assim por diante. Eu queria ir pra longe, não queria ficar ali. Fui comprar um remédio na farmácia pra minha tia. Aí, eu vinha passando, ele estava na rua, em Maranguape. Ele me chamou: "Por favor, vem aqui mocinha. Você sabe onde é que fica essa rua?" Eu expliquei. Aí ele disse assim:

"VOCÊ, SE EU LHE CHAMAR PRA IR EMBORA COMIGO, VOCÊ VAI?" "VOU." "VOCÊ VAI MESMO?"
"VOU, ESPERE SÓ UM MINUTINHO."

Fui lá na farmácia e disse assim: "Ó, tá aqui o dinheiro. Minha tia mandou eu comprar esse remédio, o senhor manda deixar o remédio lá, e diz pra ela que eu vou embora com aquele homem". "Menina, você é doida, menina?! Tu não vai fazer uma coisa dessa!" Eu disse: "Vou! Ele me chamou pra ir embora e eu vou-me embora!" Entrei no carro do homem e fui-me embora.

Fiz um curso no Senac, 60 horas de aula. Fui à Livraria Cultura, comprei um monte de livros, li todos. Quando vi os filmes do Pedro, não sei se por causa dos coloridos, dos personagens dele, que são muito fortes, se porque a história era parecida com a minha, aí tive a ideia de aprender a fazer roteiro.

Fui levar um trecho do roteiro pra professora, pra ela ver se estava direitinho. Aí ela falou: "Mas essa cena tá muito longa!" Eu disse: "Mas por quê? Não pode ter uma cena longa? Mas eu me lembro que Hitchcock tem uma... Tem um filme que é uma cena só, então, por que que a senhora está falando isso?" Aí ela viu a besteira que ela fez. Você pode ter um filme com uma cena só, compreende?

Na minha cabeça, eu era tão inocente! Ninguém nunca falou de sexo, nunca falou os perigos que a vida tinha. Eu tinha a inocência de uma criança de 3 anos, porque era tabu isso, ninguém falava nada. Fui-me embora com ele, fiquei 12 anos com ele. Ele era bem mais velho. Devia ter uns 40 anos, um metro e noventa, e eu tinha 15 anos. Fiquei lá em Fortaleza, ele me colocou em um pensionato. Fiquei lá um tempo, depois ele alugou um apartamento, montou, fui morar. Logo na mesma noite que fui embora tive a primeira vez com ele. Um mês depois eu já estava grávida, nasceu a menininha, a Bárbara. Hoje está casada, tem três filhos, mora aqui em São Paulo. Na primeira noite, eu não sabia de nada, fiquei esperando, só deitada. Ele me ensinou tudo. E tudo que eu aprendi no resto; ele era um homem que tinha uma formação, estudou fora...

Eu me apaixonei por ele, e ele por mim. Ele era casado, tinha uma família, e eu vivi de amante com ele. Ele me sustentava, tudo. Eu não sabia quanto custava um quilo de arroz. Eu tinha empregada e ele trazia todas as compras. Eu não cuidava nem da filha! Porque eu era uma criança, não queria aquele problema. Eu queria era me divertir, sair, passear. E a menina ficava na mão dos outros.

Ele era administrador de uma construtora. E estava sempre viajando; eu viajava com ele. Ficava no hotel, passava o dia tomando banho de piscina; de noite a gente ia dançar. Ele se chamava Carlos. A mulher dele sabia de tudo. Fortaleza era pequenininha. Onde ele andava comigo os filhos dele entravam. Todo mundo sabia quem era quem. A mulher dele nunca me procurou. Eu é que tinha ciúme. Uma vez eu disse pra ele, quando estava com 20 anos: "É o seguinte, cansei de ser amante. Agora quero casar. Como você não pode casar comigo, vou arrumar alguém pra casar comigo". Esse homem enlouqueceu! "Se você dorme separado dela, me dá o telefone da sua casa pra quando quiser falar com você." Aí ele deu. Eu ligava, ela atendia e chamava o Carlos.

Quando eu tinha 27 anos, o Carlos morreu. Meu chão sumiu, foi embora. Ele foi operar de câncer, pegou infecção hospitalar. Ele me deixou um bom dinheiro. Mas pra esquecer o Carlos eu viajei, bebi... Xingava muito Deus por ele ter tirado o Carlos de mim. Ele foi tudo na minha vida: pai, mãe, amante, marido, amigo, professor, tudo. Nunca mais gostei de ninguém. E olha que namorei um monte de gente. Com ele eu era a maior barraqueira, partia pra cima da mulher se ela estava dando em cima dele. Ele tinha um Galaxy novinho. Um dia, por ciúme, peguei uma pedra de calçamento, bati no carro todinho.

Por que eu não posso escrever uma cena longa? Se tem filme que é uma cena só? Falei: "Quer saber, eu vou procurar livros! Porque tudo o que eu aprendi foi nos livros, então agora eu quero aprender roteiro nos livros também". Porque tem, um monte. Daí, tem a receita de roteiro, parece uma receita de bolo.

Acontece que na escola não se aprende a fazer roteiro. Você aprende a fazer roteiro lendo sobre roteiro, vendo filme. Você vê o filme e depois vai ver o roteiro. Prestar atenção, saber como é que ele foi feito. E você acredita que funciona? Um dia, um francês, um investidor, quis comprar meu roteiro, mas ele queria me pagar pouco, só R$ 100 mil. Não vendi. Disse: "Se é pra pagar pouco, eu prefiro dar pro Pedro filmar".

Eu não vi o Carlos morto. Não fui lá; respeitei a família dele. Mas na minha cabeça pensava assim: "Ele inventou a morte pra ficar longe de mim". Isso aí era uma doença, só pode ser. Ligava pra construtora, pedia pra chamar: "Mas ele morreu". "Não, ele não morreu, não." Não acreditava, comecei a ficar maluca. Viajei até os lugares em que fomos juntos, atrás dele, até acabar o dinheiro que ele me deixou. Torrei tudo em um ano.

Fui uma péssima mãe. Mas, também, com 15 anos, queria o quê?! Eu só queria passear. Nem eu nem o Carlos – a gente não era apegado à Bárbara. Por causa disso tudo, de eu ser uma criança, minha filha me deu muito trabalho. Eu não sabia ser mãe. E ela usou drogas, muitas drogas. Começou com 14 anos, já aqui em São Paulo. Eu queria vir pra São Paulo porque queria ser artista. Queria conhecer o Silvio Santos. Eu ficava de manhã até a noite vendo o Silvio Santos.

Aí, conheci um paulista que estava de férias, ele casou comigo em oito dias. Daí vim pra São Paulo. A Bárbara ficou no Ceará, eu vim embora sozinha com o André. Ele era piloto da Transbrasil. Fui morar com a minha sogra, no Bom Retiro. Aguentei três meses e saí da casa dela, ela me trucidava. Peguei minha mochilinha, fui morar na pensão na rua do lado.

Já sabia fazer unha. Aprendi no Ceará. Enquanto ele passava o dia trabalhando, eu passava o dia tentando fazer unha das amigas do prédio. Saía todo mundo com as unhas pingando sangue, mas não tinha esse problema de doença. Fui aprendendo. Peguei o ônibus elétrico que ia pra Augusta, porque em Fortaleza a rua Augusta era famosa. Andei do início ao final dela. Todo salão eu entrava e dizia: "Ó, tá precisando de manicure?" Fui ao Taluama, fiz um teste, fiquei um ano lá.

Às vezes ficava no aeroporto de Guarulhos esperando o avião do André chegar. Eu comia no aeroporto, dormia lá. Levava a minha malinha, ficava duas noites com dois dias. Cochilava na poltrona. E aeroporto é sempre movimentado; era mais legal ficar lá do que na sogra. Alugamos uma casa na Penha, um sobrado. Aí ela passou a morar lá. Mas ele era um homem sem atitude... Troquei a fechadura da casa, me separei dele.

Eu recebia pensão do André, mas quando ele foi mandado embora da Transbrasil fiquei na pindaíba. Encontrei uma manicure com quem havia trabalhado. Ela ligou pra Cristiana Arcangeli, que estava montando um salão com o Mauro Freire. Fiquei três anos trabalhando com eles. Conheci muita gente no salão. A Costanza Pascolato, as modelos todas 'das antigas', Isabella Fiorentino, Camila Espinosa, as do começo da *Fashion Week*, o povo da moda, a Joyce Pascowitch, a Tânia Magalhães, que era dona da Lita Mortari, a Luíza Tomé, a Clô Orozco. Todo mundo gostava de mim, graças a Deus.

Trouxe a Bárbara depois de um ano. Aí ela foi estudar em escola pública e começou a andar com quem não presta, começou a usar droga e foi indo...

COMECEI A ESCREVER O ROTEIRO PORQUE ASSISTI A TUDO SOBRE MINHA MÃE, DO PEDRO. É, O PEDRO ALMODÓVAR, O DIRETOR ESPANHOL. E DEPOIS ASSISTI FALE COM ELA, DO PEDRO TAMBÉM. ENTÃO EU QUIS ESCREVER O ROTEIRO DA MINHA VIDA. QUERIA FAZER E MANDAR PRA ELE. E MANDEI.

No primeiro dia de aula, todo mundo se apresentou. "Ai, eu sou jornalista"; "Eu, meu nome é fulano de tal e sou jornalista"; "Meu nome é isso..." Aí quando chegou a minha vez eu disse assim: "Eu sou Florescelia, eu sou manicure". Na outra aula, perguntei pra professora: "Cadê aquela moça do cabelo vermelho?" Ela disse: "Ela desistiu do curso".

Você acredita que ela disse que achava que o curso era mais bem selecionado? Eu não acreditei. Mas o dia que eu encontrar com essa moça, eu vou olhar bem na cara dela, e vou dizer assim: "Mas tu é tonta, é?"

Eles, lá da produtora, devolveram meu roteiro; acho que é porque o Pedro não me conhece. No dia que ele me conhecer, ele vai ler o roteiro. Não vendi o roteiro para o francês primeiro porque ele quis pagar pouco, segundo porque ia acabar com o meu sonho do Almodóvar, e preferi optar pelo sonho. Eu sou persistente, eu só vou desistir dele quando o Pedro olhar na minha cara e falar que não quer o meu roteiro.

A Bárbara usou drogas, ela se prostituiu, depois teve filho. No comecinho era o cigarrinho. Conheceu um cara que era garoto de programa, que usava droga, teve mais dois filhos, e foi só na droga e na prostituição. Ela é fraca. A pior coisa que existe no mundo é a pessoa não ter coragem na vida. Era maconha, cocaína, não sei se tinha *crack*. Mas ela parou, fez um curso de enfermagem, se formou. Foram 12 anos nessa vida. Ela mora na Zona Norte, a gente não se vê mais. O primeiro filho eu crio até hoje. Os outros dois mandei pro meu irmão, ela pegou um de volta, o outro está em Maranguape. Hoje eu crio o meu neto, é um doce de pessoa, é tudo diferente. Desde que nasceu mora comigo.

Saí do salão do Mauro, resolvi fazer unha na casa das pessoas, dobrei o meu ganho, fui morar em Higienópolis. Na rua Alagoas, em frente ao parque Buenos Aires. Gosto do bairro, os prédios são antigos, gosto do que é antigo. Cada prédio daquele tem uma história, gente! Quanta gente não morou ali?! É tudo história! Sou manicure da Suzana, ex-mulher do Arnaldo Jabor. Que é do cinema. Daí, eu disse: "Eu vou dar pro Jabor ler, é um cineasta muito experiente". Ele leu e gostou. Falou que era bom, bem escrito, roteiro estilo americano, mas não gosta de drama. E é um drama. Não gosto de comédia. Pra mim, o cinema tem que ter o sonho, seja de amor, seja de drama... O povo transformou programa de televisão em cinema.

Tem uma coisa: hoje nem olho para os homens mais. Para mim, hoje, só tem um homem na minha vida. É o Pedro Almodóvar. Se ele quiser casar comigo, eu caso. De verdade. Tenho ele no meu celular. Vou fazer uma tatuagem dele aqui no meu braço.

Tem um diretor português que está fazendo um documentário sobre mim. Filmaram lá no Ceará, aqui em São Paulo e, daqui uns tempos, vamos até Madri falar com ele. Vou lá na produtora dele. Se ele não atender, fico esperando na porta. Fico lá na porta até ele falar comigo.

YONEKO SEIMARU

POR NIRLANDO BEIRÃO

BRASILEIRA, ESTRANGEIRA

O teatro tradicional japonês consagra, na figura do *kuroko* (pessoa em trajes negros), o elemento simbólico da invisibilidade. O *kuroko* está em cena, tanto no *kabuki* quanto na ópera nô, mas é como se não estivesse. O que ele faz é se esgueirar pelos bastidores do palco, sempre de negro e sempre em silêncio, de forma a executar umas tantas funções secundárias da dramaturgia, arrumar o décor, servir o protagonista; em segundo plano, sem status de figurante, ocupado em não distrair a plateia dos petardos gestuais e vocais do *aragoto* (o típico *overacting* dos atores japoneses).

Yoneko Seimaru como que exercita aqui a técnica do *kuroko*. Narra, em detalhismo rebuscado como o de uma gravura de *ukyo-ê*, uma história que simula não ser sua – e, sim, uma saga familiar à qual ela teria observado, ainda que de perto, mas a bordo de uma estratégica distância emocional.

O pai veio do Japão, com escala no Peru e na Bolívia, e o que encontrou no Brasil foram três coisas: "índio, cobra e onça". Foi trabalhar na borracha. "Aí ele pegou maleita." "Quase morreu." Depois, já em São Paulo, começou a guerra. "Havia aqueles soldados, todo mundo morria de medo. Os soldados vinham aqui no sítio." As frases de Yoneko são curtas. De uma dramaticidade concisa e cortante. O distanciamento dela é tão pronunciado que até da própria linguagem Yoneko de certo modo se esconde. Parece falar português com sotaque japonês. Na verdade, só aprendeu a língua dos pais aos 68 anos.

Toda imigração é uma penosa forma de estranhamento. Que não se resume à geografia de mares e continentes, deixa traço também na cartografia da alma. Yoneko Seimaru nasceu no Brasil, mas o mundo em que ela cresceu, se casou e gerou filhos, teceu em torno dela o véu de um deslocamento meio atordoante.

Mais de uma vez Yoneko diz: "A gente morria de medo". Tinham – ela e a família – o susto como companhia. Como responder a isso? Com um pragmatismo operoso, sincero e até desconcertante. Ao marido que se esfalfava ao volante de um caminhão, transportando mercadorias do sítio "na BR", falou: "Não viaja mais. Não fica mais em cima da roda". O marido rendeu-se ao bom senso persuasivo de Yoneko. Aceitou: "A única coisa que eu quero fazer na minha vida é vender caldo de cana". Ela: "Se é caldo de cana, temos de arrumar uma pastelaria". E assim flui a vida, desdobrando-se em reiterados esforços de descomplicação.

Japoneses como aqueles da família de Yoneko Seimaru vêm há mais de um século, desde a chegada do Kasato Maru, em 1908, irrigando o solo brasileiro com o tônus de sua dedicação guerreira. Muitos – como o pai de Yoneko – se moviam pela miragem da transitoriedade: fazer dinheiro e partir. Raramente conseguiam, nas reviravoltas da História, reencontrar o caminho da volta. Outros reagiam aos obstáculos recorrendo, para fincar raízes, à cartilha samurai da superação. O japonês é e será – a narrativa de Yoneko reitera, com serena casualidade – um estrangeiro. Seu código cultural é outro, radicalmente outro. Quando a gente imagina, por exemplo, que sua polidez formal, comedida, exprime uma resignação obediente e passiva, é bom se precaver. Também no *bunraku*, o teatro dos bonecos, o *kuroko* manipula a trama, por trás das cortinas. Em silêncio, anônimo, trajando escuro, imperceptível naquele cenário de sombras, o *kuroko* tem o domínio da ação. Por mais que se finja de subalterno a ela.

Nirlando Beirão é jornalista e escritor, com passagem pelas principais redações do Brasil.

YONEKO

NASCEU EM 1933, EM REGISTRO, SÃO PAULO

"O SONHO DELE ERA VOLTAR PARA O JAPÃO COM UM MONTE DE DINHEIRO."

DEPOIMENTO AO MUSEU DA PESSOA EM 19/02/2011

REGISTRO

Meu nome é Yoneko Seimaru. No registro, nasci em 1933. Sou a última filha de minha família. Minha diferença de idade para a irmã mais velha é de vinte anos. Mas, para entender isso, vou contar a história do meu pai.

O meu pai nasceu no Japão. O sonho dele era ganhar dinheiro. A província dele é em uma ilha, longe de Tóquio. Bem pequeno, já trabalhava como pescador. Veio para o Peru porque pensou num futuro melhor. Ele, um amigo e um primo.

Ele não sabia que no Peru não chovia. Chegou lá e ficou assustado. Numa parte do Peru, nunca chove. Depois de Lima seguiu para uma cidade de imigração japonesa. Mas como o sonho dele era voltar para o Japão com um monte de dinheiro, e ali não dava muito, só o sustento mesmo, procurou outro país, a Bolívia.

Foi lá, arrumou serviço na construção de estrada de ferro. Mas naquela época já havia muita droga, fumo... muito fumo. Ele falou assim: "Aqui não tem futuro para trazer a família". Então procurou o Chile. E o Chile era um país muito bom para a pescaria. Como ele era pescador, deu certo. Pescava peixe. Ah, mas não dava para vender... não tinha saída, não tinha quem comprasse. Aí resolveram vir para o Brasil, passar os morros dos Andes. Primeiro voltou para o Peru, e dali saíram para o Brasil. E sei que levaram algum tempo, vieram andando. Nunca perguntei quanto tempo.

SEI QUE ELE TINHA UM MONTE DE COISAS – CARABINA, BÚSSOLA, FACÃO, REDE PARA DORMIR. E ELE SEMPRE CONTAVA QUE DE TRÊS COISAS TINHA MUITO MEDO QUANDO ANOITECIA: ÍNDIO, COBRA E ONÇA.

Estavam sempre os três: meu pai, o primo e um amigo, andando... Quando chegavam a um rio que tinham que atravessar, ele tinha facão. Ele cortava madeira, cortava cipó, trançava, jogava no rio e atravessavam. Sempre os três. Assim conseguiram chegar a Belém do Pará.

Chegaram a Belém do Pará e encontraram um engenheiro japonês. Logo no dia seguinte meu pai arrumou serviço e começou a trabalhar lá. Trabalhava no picadão. O engenheiro media as terras e ele trabalhava no picadão. Mas disse que via muita cobra sucuri, cobra muito famosa. Veio para o Brasil para ser engolido por cobra sucuri? Não, não dá!

Aí ele foi para Manaus, para plantação de pimenta-do-reino; mas ele não conseguiu trabalhar na pimenta-do-reino, foi para a borracha. Aí pegou maleita, quase morreu. Então procurou vir para São Paulo, começou a descer para São Paulo.

Trabalhou bastante na Central Sorocabana, no cafezal. Guardou dinheiro e desceu para Registro, na colônia japonesa. Aí ele comprou terreno em Raposo, depois de quinze anos... Isso tudo demorou quinze anos! E minha mãe todo esse tempo lá, esperando. Ele nem tinha mais o contato dela. Comprou o terreno, comprou uma casa, decidiu retornar para o Japão. Para buscá-la. Foi lá, viu o filho que tinha deixado com 3 anos, já era moço. A filha que tinha deixado recém-nascida tinha 15, 16 anos. Ninguém conhecia o pai.

E ele convidou todos eles para virem morar no Brasil, disse que tinha comprado um terreno e a casa. Os filhos não aceitaram e nem minha mãe; ela disse que ele tinha deixado eles jogados quinze anos, imagina agora ir atrás...

Aí ele falou assim: "Não posso deixar o terreno em Registro. Vamos passear no Brasil, trabalhar dez anos, guardar dinheiro e voltar". Aí minha mãe aceitou e veio. Os filhos também vieram. Foram direto para o sítio, plantar arroz, banana e café.

Nesses dez anos aconteceu a guerra, não deu mais para voltar. Eles tiveram mais dois filhos aqui. Meu pai adoeceu, faleceu, e minha mãe nunca voltou, também faleceu no Brasil. Ela teve meu irmão e eu já perto dos 40 anos. Eram dois no Japão e dois aqui.

Por isso os vinte anos de diferença da minha irmã para mim. Nasci em Registro, passei a infância no sítio. Não tinha nada lá. Ia brincar na vizinhança. Depois começou a guerra; aí é que não podia sair mesmo. Havia os soldados, todo mundo morria de medo. Eles entravam nas casas, acho que procurando livros, bebidas, coisas assim, que os japoneses traziam do Japão. Se a casa tinha forro de madeira, pegavam um toco de madeira e cutucavam para ver se tinha alguma coisa guardada lá em cima. Eles vinham aqui no sítio. Meus pais, quando escutavam o barulho de cavalos, corriam para o mato, deixavam só nós dois, eu e meu irmão, porque nascemos aqui. Morríamos de medo! Tínhamos 6, 7 anos. Eles perguntavam assim: "Cadê papai?"; "Não sei... papai não tá". E a gente morria de medo; eu tremia que nem doida. Mas eles não iam atrás, no mato. Se não achavam nada dentro de casa, iam embora.

Tinha problema de querosene, era um litro por mês. Meu pai ia comprar um litro de querosene na prefeitura. E sal também. Isso era só com os japoneses. Tinha um senhor que conseguia falar português, tinha mais amizade com o pessoal, com o prefeito, não sei com quem. Esse senhor falava assim:

"SE JUDIAR DE JAPONÊS, COMO OS BRASILEIROS VÃO TRABALHAR? BRASILEIRO TRABALHA PORQUE OS JAPONESES DÃO O SERVIÇO. SE TOCA O JAPONÊS, COMO VÃO TRABALHAR?" AÍ FOI MELHORANDO.

Os brasileiros trabalhavam nos sítios dos japoneses. No nosso sítio eram sempre três, quatro famílias. Eles ajudavam na plantação de arroz, colhiam café, trabalhavam na lavoura mesmo. Eu também trabalhava, com 10 anos comecei a trabalhar. Fazia de tudo: plantava arroz, milho, feijão, colhia café, chá, fazia tudo. Enquanto isso, ia para a escola.

Com 10 anos me formei no primário, na escola do sítio. Depois nunca mais estudei. Começou o ginásio aqui em Registro quando eu tinha 16 anos. Pedi muito para o meu pai me deixar estudar, mas ele não deixou. Falava que mulher não precisa estudar. Meu irmão não estudou também...

Depois que terminou a guerra o pessoal ficou mais calmo, começou a ter a associação dos jovens, associação dos japoneses, aí começamos a nos reunir. A gente brincava, os moços jogavam beisebol, atletismo, futebol, e a gente ia junto pra torcer. A gente conhecia um, outro, conhecia todos os jovens lá.

Não tive um namoro, a família decidiu. Quando chegava a época de casar, alguém vinha falar com a família. A família do noivo arrumava um padrinho e ele vinha falar.

Assim arrumavam o casamento. Meus pais falavam que fulano de tal era bom, fulano de tal não era muito bom. Era tudo combinado dentro de casa, a gente não ia dar a resposta na hora, nem meus pais, eles perguntavam pra gente. E eu queria estudar, não queria casar. Mas ele obrigou, né? Então tinha que me casar. Mas nunca me esqueci de querer estudar. Depois que comecei a ter filhos sempre pensei em estudar.

Não estudei ginásio. Muito tempo depois comecei a estudar língua japonesa. Hoje eu sei falar e escrever na língua japonesa. Tinha 68 anos, comecei a estudar a língua japonesa. Na vida atual fiz um monte de coisas que não podia fazer antes. Como cerimônia do chá, cerimônia de *ikebana*, dança japonesa. Todas essas coisas comecei a praticar na associação.

Tenho quatro filhos, três homens e uma menina. Quando minha filha começou a estudar, a mais velha, procuramos vir para a cidade, sair do sítio. Registro era calma, não era que nem agora, cheia de carro, cheia de movimento. Vendemos o sítio e viemos para a cidade. Meu marido tinha caminhão, ele fazia transporte; isso durante doze anos.

Depois os meus filhos começaram a acompanhar o pai. O mais velho, quando chegavam as férias da escola, começou a ir para São Paulo. Ele voltava e dizia assim: "Mamãe, papai dorme ao volante. Perigoso". Era a época que abriu essa BR. Aí a gente conversou com ele e falou assim: "Vamos trabalhar na terra em vez de em cima do pneu?"

Ele largou porque a gente começou a falar: "Não viaja mais. Não fica mais em cima de roda. Fica dentro de casa, em cima da terra mesmo". Comecei a falar bastante e ele falou assim: "A única coisa que eu quero fazer na minha vida é vender caldo de cana". Aí começamos. Se é caldo de cana, temos que arrumar uma pastelaria. Aí abrimos uma pastelaria. Não sabia fazer pastel. Trouxemos um chinês lá de Santos, um conhecido. E ele está até hoje, isso tem 37 anos. São dezesseis funcionários.

Depois da pastelaria, meu marido sofreu um acidente com o nosso carro. Bateu. Ficou uns três anos meio abobado. Mas com o tratamento ele voltou, conseguiu voltar, mas não voltou mais a trabalhar. Ele começou a fazer serviço com os amigos, futebol... fazia coisas que gostava de fazer. Gostava muito de futebol, atletismo. Ele morreu em 2002, faz nove anos.

A mais velha estudou Turismo, o outro Economia e Contabilidade, o outro também, Economia e Contabilidade, o outro Engenharia, e estão trabalhando. O único que está como vendedor é o terceiro, que está em Registro. Ele nos ajuda na pastelaria.

Até a hora do almoço fico na pastelaria, depois faço o que quero – a associação, a igreja, as amigas. E ainda faço *ikebana*, cerimônia do chá, a dança. A vida continua, né? Eu mesma sempre pensei assim: não adianta ficar chorando, falando, resmungando, porque um dia a gente tem que ir, partir. Então por isso me apego muito na religião. A gente tem que lutar até o fim. Tendo amizades, dá pra lutar. Sozinha mesmo é que não dá pra lutar. E meus filhos ajudam muito.

Meu marido ajudava muito os jovens que queriam ir para o Japão. Na hora que terminava de fazer a papelada, ele falava assim: "Vocês não podem esquecer três verdades. Uma, ave bonita deixa a pena quando morre. Outra, onça bonita deixa o couro quando morre. E gente?", ele perguntava. "E gente?" Ninguém falava nada. Ele dizia: "A gente deixa o nome". É mesmo verdade.

ROSA FAJERSZTAJN

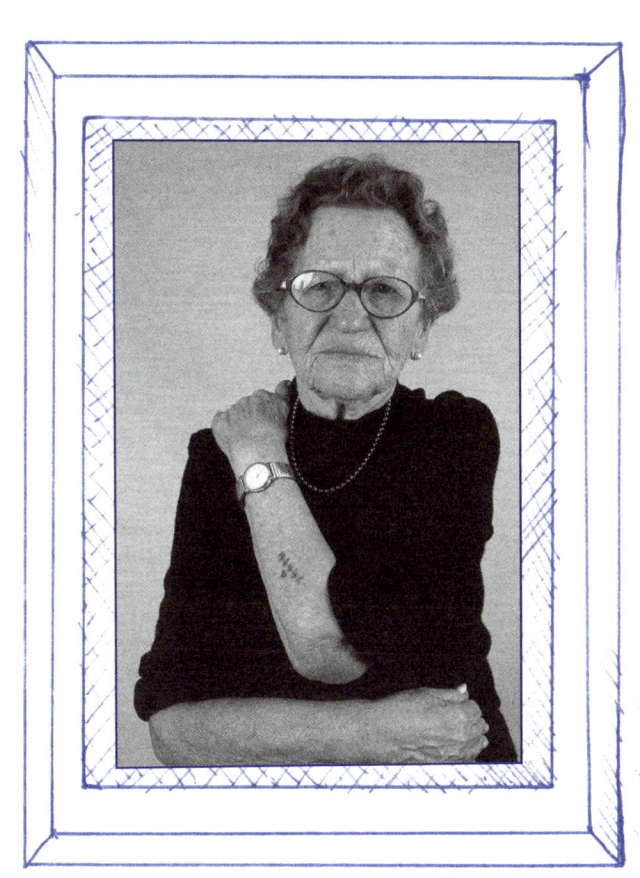

POR ALBERTO DINES

UMA HISTÓRIA, É UMA HISTÓRIA, É UMA HISTÓRIA

Irônico: a narração de barbaridades ganha contornos mais nítidos e maior dimensão quando é singular. A tragédia maciça e massificada, desprovida de rostos, anônima, é capaz de provocar espanto, repulsa, solidariedade. Com a presença de testemunhas, sobretudo deste avalista insuspeito chamado Eu, torna-se dolorosamente incontestável, real.

Os relatos sobre o Holocausto provocam um horror difuso, impessoal. Seriam mais perturbadores, insuportáveis, se pudéssemos coligir, recortar e colar uma a uma as 6 milhões de histórias individuais tão sofridas como esta vivida por dona Rosa.

Através de datas, referências geográficas, dados estatísticos e contexto histórico, o genocídio perpetrado pelo nazi-fascismo é uma catástrofe na história da humanidade. Talvez a maior dos últimos 500 anos. No entanto, quando decupado em partículas, personalizado, nomeado e identificado em histórias de vida e histórias de morte, ele nos alcança, enreda e nos transforma irremediavelmente em vítimas.

O Holocausto tem um poder narrativo único. Aconteceu há setenta anos – duas gerações – no outro lado do mundo, tem sido descrito em inúmeros idiomas por protagonistas nas mais diferentes situações – até mesmo pelos perpetradores –, mas não perde sua capacidade de atravessar barreiras e abismos, contagiar e acrescentar-se indelevelmente ao imaginário individual.

Loucos e maníacos tentam negar o Holocausto. Desarmada, sem qualquer recurso retórico, dona Rosa vence-os sozinha.

Alberto Dines é referência para o jornalismo brasileiro, fundador do Observatório da Imprensa.

ROSA

NASCEU EM 1919, EM KASIMIR, POLÔNIA

"SIMPLESMENTE NÃO ACREDITAVA NA BONDADE. ERA DIFÍCIL ACREDITAR NA BONDADE."

DEPOIMENTO AO MUSEU DA PESSOA EM 26/06/2001

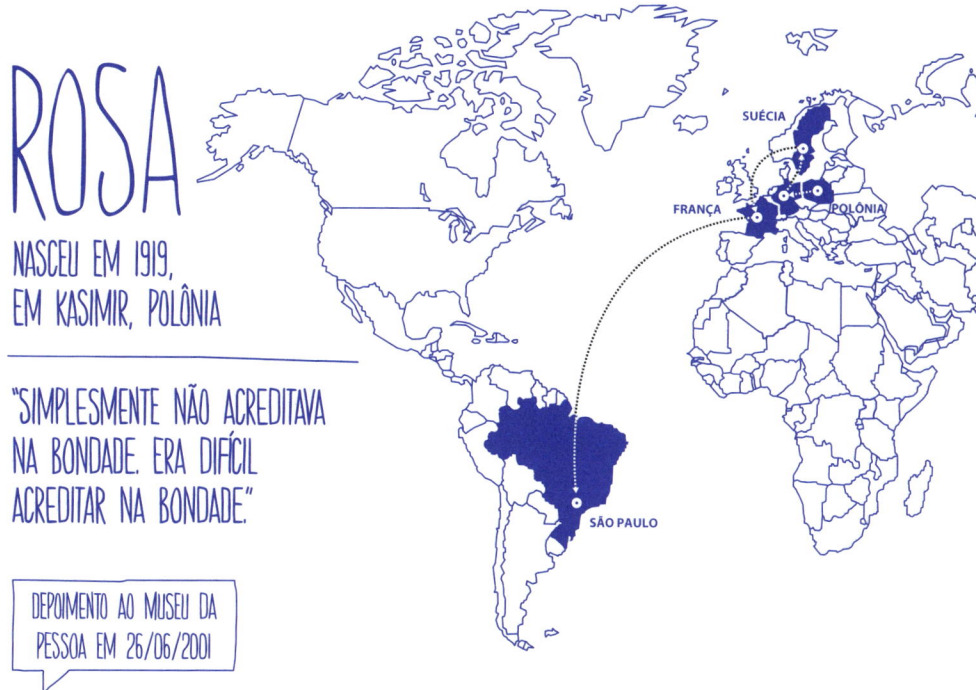

Da Polônia mesmo não sobrou muita coisa. Tem sempre no coração aquela passagem da juventude. Mas quando jogam a Polônia e o Brasil eu torço para o Brasil. Eu torço pelos meus filhos, e também porque estou vivendo há muito mais tempo no Brasil. Eu estranhava feijão, porque lá eu comia feijão branco com arroz escuro e aqui se come arroz branco com feijão preto e marrom...

Gosto de contar a história pra isso não ficar perdido. Para contar para os outros o que a gente sofreu. Existe alguma coisa que a gente nunca esquece...

Todos da família eram judeus poloneses, nossa vida era na Polônia. E o frio da Polônia é frio forte. Começa em dezembro, 10, 12 graus negativos. Podia chegar a -20. A gente se esquentava com cachecol, com casaco; embaixo sempre pele ou acolchoado. Frio era neve. E neve era alegria. A pessoa escorregava na neve, as crianças brincavam.

Os alimentos, a gente estocava. Estocava batata e frutas. Em toda casa era obrigatório ter um porão para estocar alimento. Minha família não era muito pobre, era média. Nunca faltou comida. Meu pai vendia lenha. Havia um bosque e ele era cortador de lenha.

Nasci em Kazimir, depois fomos morar em Opole. Kazimir era uma estância, uma cidade bonita no vale; lá passava o Vístula, o maior rio da Polônia. O rio era frio. Se congelava, você podia passar a pé. Vivi em Opole a minha infância. Minha família ficou lá até quando mandaram exterminar judeus. Com o tempo se formou em Opole uma escolinha de madeira. Era boa aluna; não vou me gabar, mas era boa. Estudei sete anos. Eu saí da escola com 14 anos, mas gostava muito de ler. Tinha amigos que liam livros de esquerda, que falavam sobre a divisão de terra, o proletariado... Meus pais reagiram muito mal. Eu comecei a namorar um comunista que era dez anos mais velho do que eu. Ele era marcado pela polícia e foi preso. No processo do meu namorado, meu nome foi indicado. Aí meu pai me mandou a Varsóvia para morar com a prima dele, para não ser presa também. Eu tinha conhecidos no partido. Eles me arrumaram um bom emprego em uma fábrica de rádios, chamada Rádio Técnica. Quando estourou a guerra eu estava na fábrica. Foi no dia 1º de setembro.

Estava trabalhando – eu montava a parte da frente do rádio –, e de repente avisaram para desligar as máquinas. Começou o bombardeio, eu e uma amiga entramos num prédio. Esse prédio foi bombardeado. Caíram as paredes, mas ficamos ali. Isso foi de noite. De manhã, a polícia polonesa começou a procurar sobreviventes, começamos a gritar e nos tiraram. Eram muitos mortos. Decidi fugir de Varsóvia. Estava indo para a Rússia, mas no meio do caminho me lembrei de meus pais. Eles já eram idosos e iam morrer de fome. Aí eu tentei voltar para casa. Precisava atravessar o rio Vístula, mas a ponte já havia sido bombardeada. Finalmente, consegui passar para o outro lado de Varsóvia, onde havia trem, mas não consegui pegar o trem, e fui a pé para outra cidade. Andei pelas aldeias, peguei carona, cheguei em Opole. Quando cheguei, todo mundo estava com medo. Ninguém sabia o que ia acontecer. Fizeram um grande gueto. Gente que veio de três, quatro cidades, todos judeus, e oprimiram todos lá. Fizeram um gueto, um gueto fechado. Em uma casa enfiaram três, quatro famílias. Na minha casa eram quatro famílias. Meus pais não tinham nada para comer. Para buscar comida, combinei com um tal Abrahão, um guarda: "Quero sair essa madrugada. Leva aquele alemão, o Rudolf, ao bar, paga para ele uma boa vodca". Eu fugi, não dava na vista, falava polonês muito bem. Consegui comprar comida. Coloquei tudo em uma mochila grande e duas sacolas, mais pesadas do que eu. A ansiedade me deu forças. Mas quando voltei, meus pais não estavam lá, já tinham sido levados. A minha meia-irmã estava com quatro crianças pequenas. Fui lá e dei toda a comida para ela.

Aí começou a minha vida de fugida, de uma cidade para outra. Alguém podia me reconhecer e me chantagear, querer me dar para os alemães. Fui para outra cidade e encontrei lá a minha prima. Ela tinha uma casa de chá. Um dia, havia um grupinho de quatro, cinco homens tomando chá. Vi que alguma coisa estava acontecendo. Como o governo fugiu, formavam grupos guerrilheiros para fazer sabotagem contra os alemães. Eu tinha 18, 19 anos, e eles me aceitaram como mensageira da guerrilha dos poloneses de esquerda. Por exemplo, o grupo que ia descarrilar trem. Para saber o que e onde fazer, precisavam de direção. Eu pegava os avisos, o que o grupo tinha que fazer, e precisava entregar. Isso era clandestino, tinha medo.

Um dia me mandaram ir à estação de trem pegar um pacote. Fui, peguei com um rapaz, não sabia que ele não era do nosso lado, era um dedo-duro. Ele me seguiu, não vi que estava atrás de mim. De madrugada vieram me buscar. Três horas da manhã, estava escuro. A Gestapo chegou, fui presa.

Eu tinha um gatinho. Gostava muito desse gatinho, e esse gatinho gostava da gente. Quando fui presa, ele miava... Eu já estava longe e escutava o miado dele. Chorei de tanta saudade desse gatinho. E me achei boba. Perdi pai, perdi tudo, e agora choro pelo gatinho?!

Na prisão, sabia que iriam bater, bater... Tinha mais medo de apanhar do que de morrer. Apanhei bastante, enfiaram agulhas, desmaiei, me jogaram no canto, pegaram outra. Meu corpo estava que nem uma uva, de tão roxo. Cheguei do interrogatório, as outras presas tinham preparado água, arrumaram um chazinho para mim. E não eram judias.

Depois, fiquei na cadeia; isso era o paraíso. Tinha aquela ração de comida. Eu não sei quantos dias, quanto tempo, mas não conseguiram nada comigo. Eu dizia:

"EU SOU JUDIA E EU ME CHAMO ASSIM, ROSA, EU QUERO VIVER". FIZ TUDO PARA PODER VIVER.

Naquele tempo, os partisans, os guerrilheiros, queriam libertar a gente, mas a coisa não foi bem feita, bem-sucedida, e mataram não sei quantos partisans. Aí passou o transporte para Auschwitz e levaram eu e mais o que sobrou – presos sem processo acabado; mandaram todos para o campo de concentração de Auschwitz. Lá era uma cela normal, comum, mas depois de 21 dias chamaram o meu número e me puseram como política, presa política. E fiquei em uma cadeia dentro de um campo de concentração. Porque os outros estavam soltos no campo. Tinha pouca comida. Era um pão menor do que um pão Pullman. Para cinco pessoas, uma vez por dia. Uma vez por semana um pedacinho de margarina e um pouco de geleia. E uma bacia de sopa, que era água... A sopa era feita do que caía da cozinha dos alemães: casca de batata, de maçã. Todo dia de manhã contavam se não tinha fugido alguém: duas horas em pé, no frio, na chuva, sem poder se mexer. Mas assim mesmo, com tudo isso, no gueto era pior. Lá se levava gente para o cemitério assim, em sacos. Todo dia tinha carroça cheia de mortos. Horrível, horrível. Eu tinha pesadelos... Tinha, tenho ainda. Às vezes eu descia da cama dormindo e fechava a porta da minha casa, porque os soldados estavam lá. Falava para o meu marido: "Jacob, acorda, soldados estão aí".

É bom contar essa história, porque gostaria que todo mundo soubesse que os judeus poloneses sofreram muito. Eu estava no campo fazia umas duas semanas e fomos fabricar calçados. Olhei para a amiga que estava do lado, trabalhando também. Parei de bater um minuto, um segundo, uma policial da SS mandou o cão em cima de mim. Até hoje tenho sinais, fui mordida por um pastor alemão. Um dia, em Itatiba, vi um cachorro desses. Não posso nem ouvir latir.

Uma tarde, veio o caminhão; ia nos levar para a câmara de gás. Uma amiga falou:

"A ROSA É PRESA POLÍTICA, VAMOS AO ESCRITÓRIO ALEMÃO". A MULHER DO ESCRITÓRIO ACHOU MEU PROCESSO, E, PELA LEI ALEMÃ, ATÉ ACABAR O PROCESSO NÃO PODIAM ME MATAR. DESSA VEZ, SOBREVIVI AO GÁS. ERA FIM DE 1943.

Fiquei dois anos em Auschwitz. De lá me mandaram para um campo onde Olga Prestes estava: Ravensbrück. Fui para uma fábrica de munições, encher balas com pólvora. A guerra estava indo, eles começaram a baixar a crista com a derrota de Stalingrado. E a gente pensava: "Será que a guerra está no fim?" A gente sentia. Não tinha jornais, não tinha como saber, mas a gente sabia.

E lá fiquei até a Cruz Vermelha da Suécia nos libertar. Isso era 1945. Antes da rendição eles negociaram com Himmler, o ministro nazista, por não sei quantos milhões, a libertação de 6 mil mulheres presas. Entre essas 6 mil estavam as do nosso campo.

E nos levaram para a Suécia. E nos deram tudo. Eu estava com quase 30 quilos quando saí de lá. Os suecos nos trataram como crianças recém-nascidas, deram roupa, comida, tudo. E fiquei dois anos. Aí comecei a pensar: "Estou livre, sem fome, estou feliz. Mas e agora, o que vai ser da gente?" Escrevi para organizações judaicas que trabalhavam para ajudar o povo libertado e me disseram: "Você não tem família no Brasil, na América, qualquer lugar? Escreva, nós mandamos". Havia conhecido Dora Goldman, que viajou para o Brasil. Endereço: São Paulo. E essa carta chegou direitinho no Bom Retiro. Vim para o Brasil, estou aqui. Vim para o Brasil de navio, da França. A viagem durou 20, 21 dias. E cheguei aqui como se fosse a minha casa. Estava muito feliz, os Goldman eram para mim como uma família.

Comecei a namorar, me casei com Jacob Fajersztajn. Cheguei em outubro de 1946, nos casamos em 5 de janeiro de 1947. Acho que ele tinha vindo para o Brasil em 1936 ou 1935. Ele estava bem aqui. Ele vendia coisas e me deu uma vida muito boa.

Aqui, quando se casa se dá presentes. Na Polônia, não. É um país pobre, o pessoal é pobre. E aqui, um trouxe vestido, outro trouxe outro presente. Não via isso com olhos tão bons. Para mim, parecia esmola. Simplesmente não acreditava na bondade. Era difícil acreditar na bondade. Eu tinha visto só maldade rondando atrás de mim. De repente, chego, são amigos, muitos amigos...

Com o Jacob, tive dois filhos: Hermes e Maria Helena. Moram em São Paulo. Tenho cinco netos. E depois achei dois irmãos! Ficava sempre procurando. Via as listas, quem vive, quem não vive. Procurei em Paris. Não achei. Eu tinha dois irmãos na França. Quem sabe não fugiram para Londres? Londres não foi bombardeada, não foi ocupada. Escrevi um anúncio, mandei publicar. Meu irmão voltou do serviço – ele se salvou; passou pelos Alpes com o filho de 6 anos e a mulher. Eles se salvaram na Inglaterra. Sexta-feira ele sempre comprava o jornal judaico. Ele saiu do trabalho, comprou o jornal e viu o anúncio. Aí ele se viu lá! Fez contato. Tive sorte de não ter ataque de coração de alegria. Então, já achei dois irmãos. Estive um mês com os meus irmãos na França. Eles se ajeitaram bem, abriram uma malharia e estavam bem.

Eu já tive sonhos. Mas agora?! Que sonhos pode ter uma mulher de 82 anos? Meu sonho é não perder a memória. Para não me tornar boba perto dos meus amigos, dos filhos e netos. Para não ser dependente, para morrer inteira, sem piedade de alguém. O maior sonho meu é esse. Nem ter riqueza, nem nada. Só a memória.

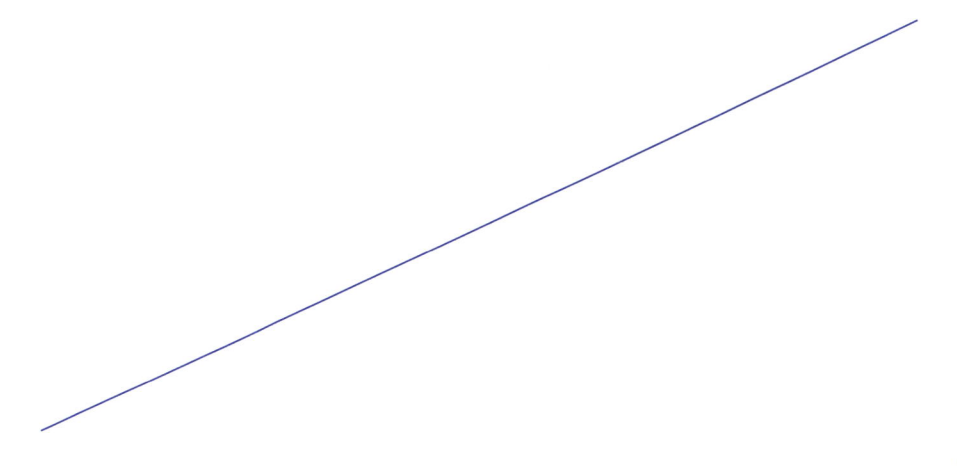

MANOEL VASCONCELOS

POR REGINA CASÉ

UM SUPERHOMEM

Lendo a vida do Manoel, imediatamente me vi assistindo a uma partida de futebol: ele driblando todas as impossibilidades qual um Garrincha e criando, a cada nova jogada, novas pontes entre o possível e o impossível.

Lembrei também do Mano Brown quando, aos 27 anos, cantava que estar vivo contrariava todas as estatísticas. Parece milagre, né? Mas, na verdade, é a soma de total imaginação com absoluta determinação!

E que humor! Quando ele avalia que pelos costumes chineses as chances de ele se tornar corno são bem menores e isso o leva a atravessar continentes, é de morrer de rir! Não estou falando de probabilidades ou do que apenas seria improvável; não é só curioso um pernambucano se casar com uma chinesa, na China! Estou falando de algo bem perto do superhomem ou de um homem vivendo toda a sua potência o tempo todo, o que é tão raro que o faz parecer um superhomem, né?

Regina Casé é atriz, humorista e apresentadora de televisão.

MANOEL
NASCEU EM 1964, EM BEZERROS, PERNAMBUCO

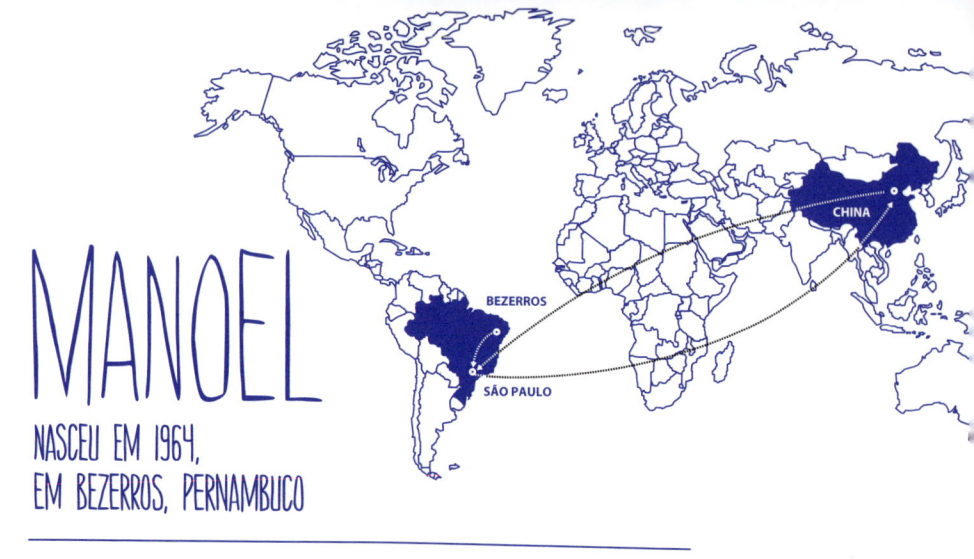

"SÓ TINHA EU NO PÓDIO. OS OUTROS DOIS FORAM NOCAUTEADOS POR MIM, NÃO PUDERAM SUBIR."

> DEPOIMENTO AO MUSEU DA PESSOA EM 14/07/2011

Olha essa história. Na época dos bingos, tinha um, um tal de Pote Bingo. Eu estava esperando um passageiro, que era o gerente de lá, e fiquei vendo as máquinas, um monte de máquinas, e numa delas estava escrito: 40 mil reais. Quando ele desceu, perguntei o que era aquilo. "É o acumulado da máquina. Quer tentar?" "Não, obrigado, tenho dez reais no bolso". "Tenta a sorte aí, vai que dá certo?" Coloquei cinco reais, a máquina levou o meu dinheiro. Ele falou: "Aposta três, aposta três". Peguei os três reais. Meti o dedo. A máquina foi, foi e foi. Quando chegou no número 66, com 30 bolas, a máquina gritou: "Bingo acumulado". Falei na mesma hora: "Fiz alguma coisa errada?!" "Não, cara, você só ganhou 40.750 reais." Ganhei 40 mil! No outro dia fui ao centro e comprei um táxi completo, um Vectra 98.

Fora isso, minha vida sempre foi uma luta. Meu pai, o João, era vaqueiro; e minha mãe, Maria Natércia, era pedreira. A gente morava num lugarzinho chamado Sairé, que na época pertencia à cidade de Bezerros, Pernambuco, e lá eu fiquei até 79. Só com 15 anos vim tentar a sorte em São Paulo. A vida era dura. Comecei a trabalhar com 8 anos de idade, em cerâmica. O pãozeiro passava vendendo pão, um balaio na cabeça. Passava de manhã, a gente comprava o pão e pagava na sexta-feira, quando recebia. E tinha que dividir: comia a metade e guardava a outra metade, pois no almoço a gente sabia que não ia ter nada para comer. Quando foi um dia, meu pai passou: "Filho, venha para casa, preciso falar com você". Fizemos a rodinha, os sete filhos, e ele disse que tinha arrumado um emprego em São Paulo. "Eu vou, você fica cuidando dos seus irmãos." Eu era o mais velho. Ele largou tudo lá e veio embora pro Sul.

Isso foi em 1977. Aí passou 1978 e nem notícia do meu pai. As crianças adoeceram, eu estava desiludido – um rapaz com 15 anos, só trabalhando, passando fome. Um dia, era 79, eu estava amassando barro, umas duas horas da tarde, um sol quente. Foi nesse dia que realmente passei a acreditar em Deus. Olhei aquele sol e disse: "Olha, minha mãe fala tanto que tem Deus, né? Que lá em cima é o céu... será que ele não está vendo que eu estou me matando aqui...?" E aí, nesse momento, justamente nesse momento, eu ouvi uma voz atrás de mim: "Filho...". Que voz era aquela? Quando olhei para trás era o meu pai. Meu pai mesmo! Corri para cima dele, chorando que nem agora. Ele disse: "Vim buscar vocês". Dois anos sem dar notícia! Veio trabalhar como ajudante de caminhão, carregar caixa. Tinha comprado um barraquinho de madeira, numa favela. Juntou todo mundo, os sete filhos, minha mãe, colocou a gente no ônibus, viemos para cá.

Cheguei semianalfabeto. Fomos morar no Parque Arariba, em Santo Amaro. Chegamos aqui, fomos para um barraco de tábuas. Como minha mãe era pedreira, ela falou:

"VÃO ANDAR PELA RUA; O QUE ACHAREM DE TIJOLO, TELHA, MADEIRA, TRAGAM PRA CASA, VOU TRANSFORMAR ESSE BARRACO NUMA CASA".
Em seis meses, no meio da favela, minha mãe construiu um sobrado.

O meu pai nunca soube ler nem escrever, por isso ele me falou assim: "Filho, passei em frente duma pastelaria. Tem uma placa lá, não sei o que está escrito, mas pela forma acho que precisa de empregado. Vamos lá?" Chegamos ao lugar. Entramos, vi um chinês – nunca tinha visto gente com os olhos puxados, não tinha chinês em Bezerros. Deu certo. Fui trabalhar com ele, com o Li Chowfang. Ele quis me colocar no balcão, mas eu não sabia fazer contas. Eles gostaram de mim, me colocaram na escola. Disseram assim: "A gente veio de Hong Kong e também era pobre, os nossos amigos ajudaram a gente, os chineses ajudam uns aos outros, e se há uma coisa que a gente respeita são as pessoas que trabalham. Você só tem que me trazer notas boas".

A pastelaria chamava Sandakan e era no Largo Treze de Maio; ali perto tinha o Colégio Manuel Bandeira. Aí me deram lá um monte de provas, fiz o que eu sabia fazer. Os professores olharam: "Dá para começar na segunda série". Trabalhava das 6h às 18h, entrava no colégio às 18h30, saía às 23h. E andava 40 minutos a pé; não tinha dinheiro para a condução. Terminei a oitava série. Aí eu quis aprender chinês. Ele me mandou pra mãe dele. E ela, que não sabia falar meu nome, disse assim: "Vasselos, tem que fazer tudo o que eu mandar, não pode reclamar". Apanhou uma tigela cheia de amendoim torrado, dois palitinhos, ela pegava com uma facilidade caroço por caroço, colocava na outra tigela. "Quero que você faça isso. Não é força, é técnica." Quando é no outro dia, a mesma coisa: "Vai ficar pior. Devolve palito de madeira". Ela me deu dois de marfim. Tenho em casa os de marfim até hoje, um tesouro para mim. Levei exatamente 48 dias para transferir os caroços de amendoim de uma tigela para outra. Aí sim, ela disse que eu podia começar a aprender o mandarim, que é o chinês clássico.

FIQUEI DEZ ANOS NA PASTELARIA. APRENDI A FAZER MASSA DE MACARRÃO, MASSA DE PASTEL, PASTEL, COXINHA, QUIBE, ESFIHA. UM DIA O CHINÊS FALOU: "VOU CASAR, MONTAR OUTRO NEGÓCIO, VOCÊ VAI TOMAR CONTA DISSO AQUI". PASSEI A GERENCIAR A PASTELARIA.

E continuava aprendendo chinês. Me lembro que, logo no início, ela me disse: "Repete comigo: Buzhidao", e eu "Hã?", ela "Buzhidao", "Não, devagar, eu não entendi nada"; ela "Buzhidao" e aí eu "Buzhidao", ela "Não, não é buzhidao, é buzhidao". Aí quando foi um dia, eu cheguei de manhã, ela: "Como era a palavra?", "Buzhidao", eu disse, "Um milagre!", ela falou, "Isso!"; "Me diz agora o que é buzhidao", ela olhou pra mim e "Não sei". Aí eu digo "Ai meu Deus do céu, eu vou ficar louco aqui!" O filho dela chegou, bateu nas minhas costas, deu risada e confirmou: "Buzhidao significa não sei".

Eu tinha um amigo do chinês que era mestre de kung fu. Ele me levou até uma academia. Estava com 16 anos; achei fantástico. Meu pai não queria, então comecei a treinar escondido. Em 1982, quando fiz 18 anos, fui campeão brasileiro de kung fu pela primeira vez. E o mais interessante: era iniciante, tinha dois anos e pouco de treinamento, fui lutar com um cara que tinha mais de seis anos de academia, um japonês; o cara era muito bom, mas eu ganhei.

Fui me desenvolvendo ali e crescendo, crescendo. Um dia, em 86, meu mestre me apresentou um amigo, mestre de judô. Foi lá no balcão, pegou um quimono, comecei o judô. Aperfeiçoei técnicas no judô que levei do kung fu. Em 1991, era campeão brasileiro e ia ter um Mundialito na China, me classifiquei. Peso pena, 56 quilos.

Fui lá e tirei o quarto lugar mais honrado que se podia ter, o quarto lugar só perdendo para chineses, lá dentro do berço deles. Mas agora a história é outra, pois antes de viajar decidi que ia procurar uma mulher para casar, lá na China.

Quando chegamos em Pequim, me apresentaram a guia. Eu era chefe de delegação, pois falava chinês. A guia falava português de Portugal. Fui à casa dela, me apresentou a família toda, inclusive uma engenheira, parente dela.

Voltei para o Brasil no finalzinho de 91. Estava com o olho roxo, mas feliz da vida, pois tinha uma noiva chinesa. Em março de 92 larguei tudo aqui e voltei para a China, para me casar com a Zhao Nong. Nós nos casamos no sábado, 16 de março de 1992, em Pequim.

Lá os noivos vão ao fotógrafo, tiram foto, daí vão à prefeitura. À noite, tem festa na casa da noiva, os convidados em traje chinês. Mas veio a outra parte. Casei com a moça, maravilha! E trazer a mulher? Precisava de visto. No consulado brasileiro me disseram que ia demorar. Voltei para o Brasil e deixei a mulher lá. Casado, mas a mulher ficou na China. Passei só uma noite com ela. O que eu tive de contras no casamento foi impressionante! Todo mundo: "Você é doido!"; "Não faz sentido, casar com mulher que nunca viu!" Não tinha lógica pra eles, entende?

E eu a queria aqui legalmente. Até que conseguimos. Daí vou para o aeroporto, esperar a minha mulher. O voo chegou. Uma hora, duas horas, nada da Zhao Nong aparecer. Três horas depois sai um fiscal com a mulher: ela havia perdido as malas na Alemanha. Ficaram esse tempão pra descobrir isso.

A mídia começou a estourar ali. Um monte de repórteres, queriam saber como era isso, casar com uma chinesa. Fomos morar em uma quitinete na Major Sertório. Então foi Globo Repórter, Esporte Espetacular, Sílvia Poppovic, Otávio Mesquita, Jô Soares.

Aprendi muito sobre os chineses. São muito dedicados à família, à mulher. Se você é o marido, e não precisa ser o marido ideal, ela não vai ficar olhando para ninguém na rua. O risco de você ser corno é bem menor.

Estava casado, chegando ao auge da minha carreira de lutador. Já não estava mais na pastelaria. Trabalhava numa lanchonete fazendo entregas. Teve um campeonato brasileiro, pedi ao dono pra me dar uma semana de folga. Fui lá, virei campeão e tal. Quando voltei, fui a um cliente habitual entregar lanche. Contei sobre o campeonato, e ele teve a ideia de me colocar na *Folha de S.Paulo*. Chegaram o repórter e o fotógrafo, fiz uns movimentos; no dia 28 de fevereiro de 93, fui capa da *Revista da Folha*.

Aí resolveram me ajudar durante um ano. O cliente da lanchonete ia me dar a hospedagem em qualquer país, o restaurante ia me dar alimentação, o jornal bancaria a passagem. Arrumei três patrocínios em um. Não tinha lucro financeiro, mas onde tivesse torneio eu ia. Isso caiu do céu. Aí veio a Copa Europeia, em Londres. Fui lá e ganhei.

Mas queriam tocar o hino paraguaio, não tinham disco com o brasileiro. Não quis de jeito nenhum, tiveram de achar a música. Brasil é Brasil, Paraguai é Paraguai. E o interessante é que só tinha eu no pódio, porque os outros dois foram nocauteados por mim, não puderam subir. Bandeira brasileira, todo mundo de pé, você enche o peito: "Eu sou brasileiro", maravilhoso.

Mais tarde teve um campeonato em Los Angeles. Fui convidado e acabei campeão. E fui a São Francisco disputar a Copa Mundial de Artes Marciais, todas as artes marciais juntas. Então não tem coisa mais gratificante do que você sair daqui, ir lá pros Estados Unidos, subir num pódio com 52 países de pé, são representantes de 52 países de pé, pra ouvir o teu hino nacional, entendeu? "Campeão do mundo, Brasil." Não ganhei um centavo por isso, mas ganhei a honra pro meu país.

Nessa época, a gente não ganhava nada com as lutas. Tinha de trabalhar por fora. Trabalhava na *Folha*, distribuindo jornal, da meia-noite às seis da manhã. Dormia até meio-dia, ia dar aula em Santo Amaro, numa academia. Das 14h às 15h30. Aí corria para a Cidade Ademar, para dar aula às 18h. Às 19h começava na lanchonete, trabalhava até 23h. E ainda tinha que treinar, sábado e domingo era para treinar. E tinha, no meio disso, uma família. Nossa primeira filha se chama Li. Li Zhaofung de Vasconcelos. E a segunda se chama Ana Flávia. A Li, com 7 anos de idade estava decorando livros. O chinês tem 4.500 ideogramas, que é como a gente chama o alfabeto. Um chinês fala que se um ocidental aprender duzentos, está de bom tamanho. Minha filha sabe hoje 2.500; a avó já disse que quando fizer 21 anos tem que saber os 4.500.

Minha mulher nasceu em Pequim, era engenheira mecânica. Largou tudo pra casar com o pernambucano aqui. A mãe dela mora comigo hoje; o sogro faleceu em 2000. Ela tem 75 anos, não fala uma palavra em português, mas sabe quatro dialetos. Quando ela começa a falar e eu não entendo, sei que está me xingando.

Eu vou resumir a história das lutas. O kung fu é um esporte muito de base, as outras artes marciais se transformam em secundárias, ou seja, era fácil aprender. Depois do judô veio o *kickboxing*, que na época se chamava *full-contact*. Depois do *kickboxing*, fui treinar boxe. Aí fui treinar *tae kwon do*. Quando cheguei, comecei já como faixa verde. Com oito meses ganhei a faixa preta do *tae kwon do*. Aí surgiu no Brasil o *muay thai*, o boxe tailandês, extremamente violento. Se você não for macho mesmo, esquece, vai apanhar.

Em 95, já tinha cinco faixas pretas nas artes marciais e não tinha mais patrocínio. Em 98, eu ainda estava lutando e era campeão. Em 2000 sofri o acidente. Foi um acidente de moto, dormi na moto. Bati num carro por trás a 80 quilômetros por hora. Fratura exposta no maléolo, três parafusos. Veio um desânimo grande na minha vida, porque falaram: "Esquece artes marciais; pra você acabou". Eu fiquei um ano andando de muleta. Psicologicamente aquilo acabou comigo. Tive vários empregos, me formei em Direito na Unip, há um bom tempo trabalho como taxista. Só as histórias do táxi dão um livro. Só que tem uma coisa, nas artes marciais você aprende: nunca pode desistir. Fiquei mais ou menos dez anos parado, de 56 quilos passei a 80. Certo dia vi uma luta na tevê, exposta numa loja. Era de *karatê*. O mestre lutava com touros – ele parava o touro no braço. Fui ao professor, mas estava gordo, não conseguia fazer nada direito. Comecei então o *karatê keokushin*. Cinco faixas pretas nas costas, voltei ao zero. Continuava trabalhando, seguindo a vida, mas precisava de um motivo. Foi o fato de voltar para o *karatê* que me deu isso. E meu objetivo agora é terminar a faixa preta de *keokushin*, que não é luta para qualquer um; terminar a de judô no ano que vem e a de *jiu-jitsu*. Tenho cinco, se conseguir essas três, serão oito faixas pretas. E com oito faixas dá para entrar no *Guinness*. Não acredito que alguém tenha oito faixas pretas. Parece mentira, mas não ganhei dinheiro com as artes marciais. Hoje dá dinheiro, é diferente.

Não pretendo envelhecer no táxi; é muito perigoso. O meu projeto é terminar as minhas oito faixas, juntar algum dinheiro e comprar o meu salão, a minha academia. E quero escrever um livro, tenho fé em Deus. A gente não leva nada daqui, pelo contrário, a gente deixa. Se eu fosse me resumir em palavras, elas seriam essas: lutar para vencer, acreditar no impossível, renascer das cinzas. As coisas mudam, tudo muda e tudo é possível, você só tem que acreditar.

Que nem eu... eu tô acreditando nisso, eu acredito que isso vai virar um livro, eu quero que vire um livro, que vire uma história, daqui a dez, vinte anos, não sei se eu vou estar mais aqui. Eu quero que fique o que eu fiz, entendeu?

ELIFAS ANDREATO

POR MAURO MALIN

UM CARÁTER E UMA ESTÉTICA

"Não tivemos infância, roubaram-me o melhor tempo da vida do indivíduo, que é o tempo da infância, o tempo em que você constrói o caráter." A frase se refere à vida pobre e sofrida que Elifas Andreato e seus irmãos tiveram em Rolândia, no Paraná.

Se não teve infância, Elifas fez o milagre de construir um caráter na transversal do tempo. E construir algo de que a cultura brasileira se apropriou. Uma estética.

Quem poderá subestimar a força das capas de discos de Paulinho da Viola, Adoniran Barbosa, Clementina de Jesus, Chico Buarque, Clara Nunes, Vinícius e Toquinho, Martinho da Vila, quantas mais? Foram quase quinhentas...

Em 2010, o Memorial da Resistência de São Paulo organizou uma exposição chamada "As cores da resistência". Cores, sim. Se o traço de Elifas em preto e branco cortava como faca amolada nos jornais *Opinião* e *Movimento*, com uma explosão de cores ele ensinou a usar a beleza no protesto mais compenetrado, talvez até solene.

As capas da *Argumento* me deixavam orgulhoso. Pareciam uma expressão concentrada do requinte dos intelectuais que produziam a revista. O artista trabalhava com o branco. Dominava espetacularmente o uso das fontes tipográficas. Aplicava a imagem numa proporção que a fazia quase saltar da página. E havia aquela profusão de cores fortes, uma espécie de grito gráfico altamente sofisticado.

É difícil entender como se processa a combinação de consciência política, competência técnica e talento. Os dois primeiros fatores podem ser medidos com certa objetividade, mas o terceiro permanece um mistério.

A produção artística de Elifas Andreato me acompanha há mais de quarenta anos. Está impregnada na minha memória visual e afetiva. Eu entrei na faculdade e no mercado de trabalho dois anos depois do golpe de 1964. Boa parte dos jovens engajados caminhava rumo a um choque cruel com a realidade. Acreditavam que a luta armada e o uso indiscriminado da violência eram as únicas formas de luta possíveis contra o regime militar.

Isso se acentuou depois da edição do Ato Institucional número 5, que, nos últimos dias de 1968, tornou aberta a ditadura, ao suprimir as garantias individuais. Os quadros da luta armada foram guarnecidos com egressos do movimento estudantil, intelectuais e ex-militares.

Houve aí uma combinação de desespero e falta de perspectiva. Essas pessoas desprendidas, dispostas a supremos sacrifícios, não perceberam que havia espaço para uma luta de resistência que poderia se ampliar e desaguar no isolamento político do regime militar.

Elifas militou num grupo que acreditava nesse caminho. Mas, para o bem da arte e da luta pela democracia, escapou do pior e não demorou a transitar para outro tipo de combate, onde combinou inteligência, sensibilidade e coragem.

Vieram a crise do petróleo de 1973 e a derrota eleitoral do governo, em 1974. Os donos do poder começaram a preparar a saída. Dez anos depois, a ditadura foi derrotada. A arte de Elifas triunfou, e continua a florescer desde então.

Mauro Malin é jornalista e um dos fundadores do Museu da Pessoa.

ELIFAS

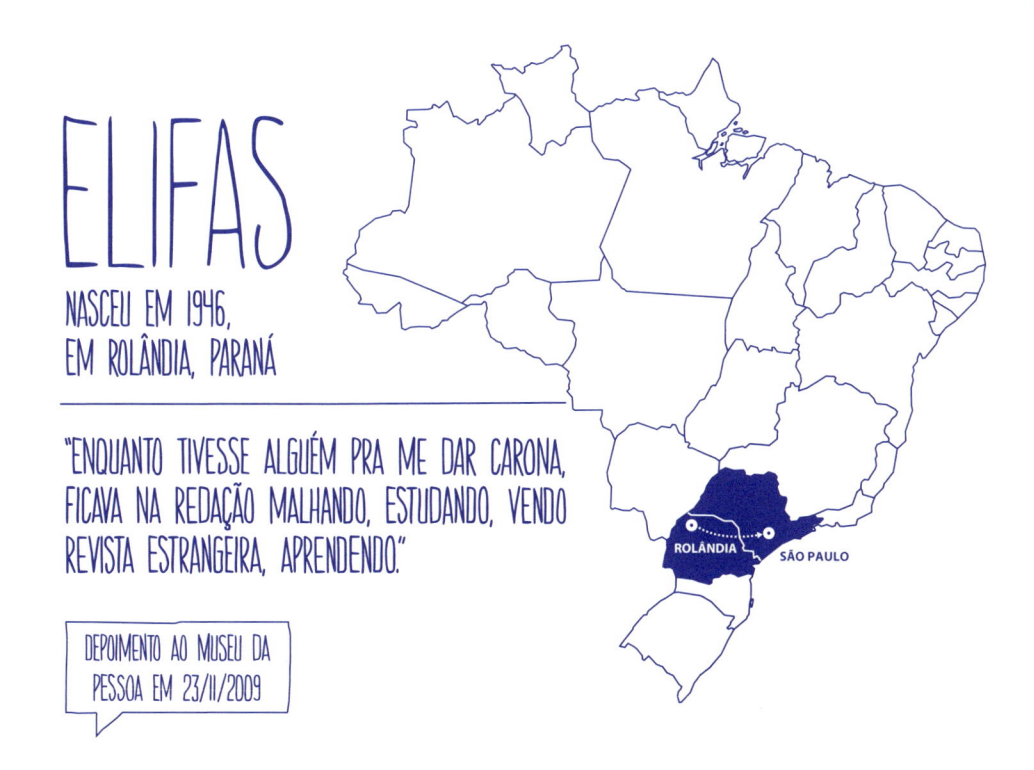

NASCEU EM 1946,
EM ROLÂNDIA, PARANÁ

"ENQUANTO TIVESSE ALGUÉM PRA ME DAR CARONA, FICAVA NA REDAÇÃO MALHANDO, ESTUDANDO, VENDO REVISTA ESTRANGEIRA, APRENDENDO."

DEPOIMENTO AO MUSEU DA PESSOA EM 23/11/2009

Nós morávamos num cortiço, isso já em São Paulo, por volta de 1960. Havia um senhor nesse cortiço, chamava-se Sabas, era mestre da Escola de Aprendizes de Mecânico da Fiat Lux. Ele me arrumou o primeiro emprego com carteira assinada, fui ser aprendiz de torneiro mecânico. O sonho da minha mãe era ter um filho operário. E comecei a ilustrar um jornalzinho da fábrica, feito em mimeógrafo. Fazia umas charges contra a fábrica, umas sacanagenzinhas. A fábrica inaugurou um refeitório novo, fábrica inglesa. E quiseram saber quem era o desenhista do jornal. 'Pra quê?' Era para decorar o salão de festas! E eu achando que queriam me mandar embora... Eu estava com 15 anos e não sabia ler – e eu tinha vergonha. Aí fui fazer um curso de alfabetização de adultos, e esse é o único diploma que tenho.

O professor Osório me ensinou a ler. Como eu era adolescente e os demais alunos, adultos, ele resolveu me dar mais atenção. O meu aprendizado foi um pouco mais fácil. Ao mesmo tempo comecei, sem ter a menor noção de nada, a pintar painéis para decorar os bailes. A oficina preparava as estruturas de sarrafo, eu esticava papel *craft* com grampeador, fazia lá, inventava meus temas... fui pintando. Para aproveitar a estrutura, na segunda-feira jogava fora o que tinha pintado e punha outro papel para pintar novas coisas. Ao mesmo tempo pintava alguns quadrinhos, porque já tinha o status de artista, não era mais um operário, ficava por conta da decoração, pois tinha baile todo sábado.

Antes disso, aconteceu muita coisa. A começar pelo meu nome. Morava no mato e me chamava Elifas, já imaginou? Meu avô materno era espírita, e em um livro que ele tinha, de ocultistas, descobri que meu nome saiu de um ocultista francês do século XIX, chamado Elifas Levi. Questionei meu pai sobre o nome. Ele se chamava Zé Vicente. "Por que esse nome tão estranho?" Ele já estava embriagado – meu pai bebia muito – e me disse: "Porque você não vai ser um zé-ninguém como eu". Passei a achar que essa frase talvez tenha sido a coisa mais importante da minha infância.

Nós somos do Paraná. De Rolândia. E por lá não foi fácil. Eu tinha certa habilidade com as mãos, aprendi um pouco de marcenaria. E fiz todo tipo de trabalho que um moleque pobre pode fazer: carregar sacola em feira, limpar casa... Além de muito pesado para menino, trabalho de casa era vexatório porque, na cabeça de um moleque de 9 anos, encerar casa, lavar banheiro, eram coisas de mulher.

Perto de Cruzeiro do Oeste meu avô e meu pai abriram um sítio para plantar café. Ainda menino a gente fazia o trabalho de limpar as covas de café. O café se planta dentro de uma cova, porque enquanto a mudinha está pequena é coberta com gravetos, uma espécie de estufazinha para o café se desenvolver. Mas meu avô Juca enlouqueceu porque a geada acabou com o cafezal, e ele perdeu as terras para o Banco do Brasil. Morreu louco.

NÃO TIVEMOS INFÂNCIA, ROUBARAM O MELHOR TEMPO DA VIDA DO INDIVÍDUO, QUE É O TEMPO DA INFÂNCIA, O TEMPO EM QUE VOCÊ CONSTRÓI O CARÁTER.

Tivemos que ralar muito cedo. E meu pai não aguentou a história da família numerosa que ele, sem pensar direito, botou no mundo. Éramos seis irmãos. Mas meu pai pensou: "Vou cair fora, vou deixar de lado". O recurso que ele passou a usar era o pior de tudo, o alcoolismo. Eu tinha a penosa tarefa de tentar buscá-lo embriagado; às vezes ele caía na rua e eu não tinha força para levá-lo para casa, então eu dormia junto com ele na rua para as pessoas não roubarem as coisas dele. Foi um período muito ruim da minha infância.

Depois moramos em Londrina por um período curto. Perto de casa tinha um puteiro. As prostitutas andavam de charrete, elegantes. Eu achava aquilo uma maravilha. A minha mãe, para termos algum recurso, fazia empadinhas e salgadinhos, e eu ia vender na zona, à noite. As prostitutas obrigavam os coronéis a comprar o tabuleiro todo para eu ir dormir cedo. Toda vez que vejo uma prostituta tenho um carinho especial, elas me protegiam. Eu estava com 10, 11 anos. Além dos salgadinhos, entregava leite de charrete, com dois japoneses, de madrugada. Acordava às quatro e meia da manhã... E à noite ia para a zona; quase não dormia.

Tínhamos pouco tempo para brincar, pois muito cedinho todo mundo ia para a roça. Quando a gente voltava, escutava rádio. Era o jantar e depois todo mundo na sala ouvindo o rádio, as histórias do Jerônimo: o herói do sertão. A brincadeira mesmo era jogar futebol. E ficar caindo, de um cipó, dentro do rio. Pião a gente jogava muito. Os netos ficavam esperando o avô dar um guaraná Caçula. E depois invadíamos a despensa para tomar leite condensado, fazendo um furinho na tampa... São lembranças boas desse tempo tão ruim.

A infância foi piorando à medida que a gente veio em busca de tratamento para o meu pai. Meus pais vieram com os quatro menores para São Paulo para se tratar. Eu e o Eurípedes ficamos com meus avós paternos trabalhando, lustrando móveis. Minha mãe sofreu muito, porque ficou sem os dois mais velhos. Ao mesmo tempo ficou sozinha aqui com um alcoólatra e doente. Ela fazia colar, fazia biscate, se virando como podia, morando num cortiço, uma coisa horrorosa em que moramos algum tempo aqui. Cheguei a São Paulo com 13 anos.

A situação estava bem complicada. Ajudava minha mãe até altas horas da noite a fazer colar, as bijuterias vagabundas. Morávamos em um cortiço muito ruim, ali na Vila Anastácio, depois da Lapa. Em um quarto moravam praticamente oito pessoas. Eram uma cozinha comum e um banheiro comum. A única coisa boa era que tinha uma fábrica que jogava em um córrego aqueles blocos de gesso nos quais fundiam peças. Eu os pegava. Comecei a descobrir minha habilidade para fazer algumas esculturinhas, alguns santos. Ganhava algum dinheirinho. Até então não tinha estudado, não tinha como estudar. Em Rolândia não deu, em Londrina tinha que trabalhar. Eu não sabia ler nem escrever.

Aí é que surge o Sabas, o professor Osório. A fábrica. Eu já cuidava da decoração do salão de bailes. Decorei de maneiras diversas: neve, um baile no Rio, depois cruzei todo o salão com varais e roupas penduradas. Fiz uma homenagem ao Ary Barroso logo depois que ele morreu. Até que um dia apareceu lá a Marli Medalha, irmã da Marília Medalha, a cantora. A Marli era crítica de cultura do *Diário da Noite*, jornal de grande circulação. Viu aquilo, viu os meus quadros, virei menino-prodígio da noite para o dia: 15 anos, o moleque pinta favela, miséria, pobreza – que eram os meus quadros.

Não acreditava muito naquele sucesso, resolvi esperar. Fiquei na fábrica. A fábrica completou 50 anos no Brasil, os ingleses vieram. Preparei um grande cenário com caixas de fósforo gigantes. Resolveram me indenizar para eu estudar arte. Mas meu pai bebeu aquela indenização toda, e fiquei sem dinheiro e sem emprego. Tive que correr atrás, era o único da família com emprego.

Penei muito. Fazia pequenos biscates, tinha dinheiro somente para uma condução. Pegava o Praça do Patriarca na Vila Anastácio, descia no Largo do Arouche. Fui trabalhar no estúdio do Pingo, fazia uns desenhos de nanquim sobre papel com gesso. O Zé Cantor, alfaiate da vila, me apresentou ao cantor e compositor Luiz Vieira, que era um astro. O Zé me levou ao Teatro Record, me apresentou a um cenógrafo. E eu sem dinheiro para comer.

Um dia, depois de um tempo, a televisão não me pagou. Fui falar com o Luiz Vieira e ele me deu um conselho: "Olha, tem muito cenógrafo e pouca televisão. Você é jovem, procura outra coisa". E me deu um dinheiro. Três meses com grana. A caderneta foi zerada na venda. E fui me virar, fui para as pequenas agências. Três anos de muito sacrifício, muito sacrifício mesmo. Não tinha lugar em casa, morava num quarto, não tinha o que fazer.

Fui trabalhar numa pequena agência de propaganda. Criei um outdoor que chamou a atenção do Atílio Basquera, então diretor de arte da Editora Abril, a grande empresa de comunicação da época, em franco desenvolvimento. Era um outdoor colorido, quando se fazia tudo em preto e branco. Ele mandou procurar a pessoa que tinha feito o outdoor. Até que entrei como estagiário. Isso era 1967. E de cara fui trabalhar na *Claudia*. E aí eu tinha papel, revista, tinta, desenhava sem parar! Até assustava os diretores de arte.

Desenhei para a *Manequim*, *Quatro Rodas* e *Realidade*, um timaço de jornalistas. E me dei conta de que o país estava sob censura e eu completamente alienado. Cuidava da minha vida, apenas. Mas fiz uma carreira rapidíssima na Abril, pois dormia mal em casa, dormia no chão, não tinha espaço para nada, não tinha papel, não tinha tinta, não tinha dinheiro. Na Abril, ficava até altas horas. Enquanto houvesse alguém para me dar uma carona, ficava na redação, malhando, estudando, vendo revista estrangeira, aprendendo. Foi minha grande escola...

O tempo ia passando. Ao ver a ação do regime militar, comecei clandestinamente a fazer o *Jornal Libertação*, com Carlos Azevedo e Iolanda Huzak. Fazíamos no meu apartamento, eu era recém-casado. Casei-me com 23 anos, fui ter filhos bem mais tarde, com 33. Fazia o jornal e trabalhava na Abril. Isso já era 68. Minha carreira foi muito rápida na Abril: entrei em 67 como estagiário, em 69 era chefe de arte de fascículos femininos. Aí ganhava um salário bacana, comprei a casinha da minha mãe.

Comprei uma casa para ela. Vendo as dificuldades que a minha mãe tinha, o cuidado que ela sempre teve com as latas que abria para fazer vasinhos de flores, era tudo sempre limpinho. Eu dizia: "Pô, se um dia essa mulher tiver uma casa, vai ser um brinco". Passei a sonhar com a casa que ia dar para a minha mãe. Lá longe, molequinho, eu dizia assim: "Vou dar uma casa para a minha mãe". Bom, consegui comprar a casa para a minha mãe, um modesto sobrado na Água Branca. É um brinco a casinha dela, toda enfeitadinha, uma coisa linda.

Em 72 fui fazer o *Jornal Opinião*, contra o regime militar. Fundei o jornal com o Raimundo Pereira e o Fernando Gasparian. Eu era diretor de arte da Abril Cultural e ganhava o salário de um carro popular por mês. Mas saí, porque não sabia ser o capataz, eu não sabia mandar a pessoa embora. Mas antes de sair fiz a história da música popular brasileira, depois fiz capas, roteiros, direção de shows. E ilustrei livros.

Minha vida é ligada ao trabalho, muito mesmo. Fiz jornal, capas e muitos cartazes de shows. Fiz coisas também para o Sindicato dos Metalúrgicos do ABC, na época das greves. E muitos anos depois criei o *Almanaque Brasil*, que tem mais de dez anos. Lá eu trabalho com meus filhos, o Bento e a Laura. Minhas alegrias, dois seres humanos incríveis, do bem. Tenho a imensa alegria de ter posto neste mundo maluco duas pessoas do bem, dignas. Ganhei duas netas gêmeas, Clara e Elis. E tenho um netinho postiço, o Pedrinho.

O que se pode esperar mais da vida? Dinheiro? Claro que o dinheiro pode encher um pouco o saco se não tem, mas a gente se vira. Mas tenho muito orgulho de dizer que fiz tudo na vida, a carreira, tudo, sem sacanear ninguém. E isso é o que tenho a dizer.

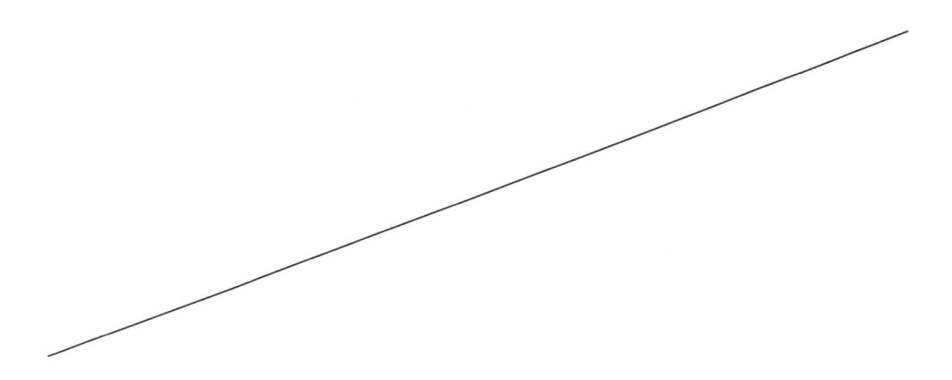

NEIVES BAPTISTA

POR MÍLTON JUNG

GAÚCHO, DE PELOTAS

Eu sou gaúcho. "De Pelotas, tchê?", pergunta com sorriso maroto e voz afinada o mecânico Mareu, da oficina do Edgar, toda vez que deixo meu carro para conserto; o que, aliás, tem se repetido com frequência preocupante. Os consertos e os comentários. A reação é injusta e preconceituosa com esta cidade do interior do Rio Grande do Sul, que leva a "fama" pelos seus méritos. Pelotas acreditou na importância da cultura para a formação de seu povo antes mesmo de se transformar em cidade de fato e de direito, condição que ganhou em 1835. Quatro anos antes, a Sociedade Scênica já havia construído um teatro, o Sete de Abril, o quarto na história do Brasil e um dos que por mais tempo estiveram em atividade. A riqueza que sustentou esta arte e esta cidade veio do charque, carne que alimentava os escravos por todo o país, ainda no fim do século XVIII. Os filhos das famílias ricas eram enviados para estudar na Europa, em especial na França, e de lá retornavam mais bem preparados, com fala rebuscada, conhecimento apurado e roupas elegantes, feitas de tecido nobre. Gente sem traquejo não era capaz de entender tanto refinamento e começou a confundir as coisas, identificando naqueles meninos bem educados trejeitos que não combinavam com a ideia do gaúcho macho. O tempo não foi suficiente para o fim das brincadeiras sem graça e o desrespeito foi perpetuado em piadas e frases jocosas.

Foi lá em Pelotas, cidade a frente de seu tempo, que nasceu o filho de seu Ramon e dona Bernardina, Neives Baptista, que ainda menino sofria de outros tipos de preconceito. Teve de parar de estudar muito cedo. Quando estava no quinto ano, já sabia ler e escrever, habilidades consideradas mais do que suficientes para um crioulo na época, como ouviu do próprio pai: "...mesmo porque nego nunca vai ser doutor". Foi assim que, para ajudar a família, começou aos 16 anos na Cerâmica Pelotense, mesma empresa em que seu Ramon trabalhou boa parte da vida. Mais tarde virou motorista e foi o primeiro negro a ser contratado pela empresa de ônibus Nossa Senhora da Penha, no Rio Grande do Sul.

Não era a raça, porém, que mais causava transtornos para Neives. Mesmo porque, Pelotas é uma das cidades com maior concentração de negros do Brasil, muitos dos quais nasceram de famílias de escravos levadas para a região no período das charqueadas. Ele sofria mesmo devido a uma capacidade que percebeu quando ainda era menino: a de falar com os espíritos. O mínimo que diziam dele é que estava com o diabo no corpo. Pra não causar problema, deixou de contar para os pais o que enxergava e só voltou ao assunto depois de grande, quando passou a mediunizar, já com o respeito da família e dos amigos. Foram os espíritos, por sinal, que ajudaram Neives em outra empreitada, ao lhe darem detalhes do passado que permitiram a montagem da Orquestra de Sopapos de Pelotas. Sopapo é um instrumento de percussão, legado dos escravos que passaram pela cidade, que estava esquecido e deu uma batida original para o Carnaval na terra.

A propósito, nasci no Rio Grande, sim, senhor, assim como o Neives, mas em Porto Alegre. E lamento muito não ter os trejeitos nem traquejos desse típico e incrível gaúcho de Pelotas.

Mílton Jung é jornalista e radialista, apresentador da rádio CBN.

NEIVES

NASCEU EM 1936,
EM PELOTAS, RIO GRANDE DO SUL

"EU NÃO ACREDITO NA MORTE. A MORTE É
UM MEIO. NÃO É O PRINCÍPIO, NEM O FIM."

DEPOIMENTO AO MUSEU DA
PESSOA EM 16/09/2007

PELOTAS

Eu faço parte da história da cidade de Pelotas. E posso contar muita coisa. Mas Pelotas não é uma cidade grande, não. É que Pelotas é uma grande cidade! Inclusive, pra quem não sabe, é a cidade do Sul que tem o maior número de negros. Só perde no Brasil para Salvador e para o Rio de Janeiro. Isso porque aqui teve uma atividade muito grande dos escravos, devido às charqueadas. Mandava charque pra Europa, com trabalho escravo. Depois que terminou a escravidão, os negros ficaram em Pelotas. Nascer nessa cidade, pra mim, foi um presente de Deus, pois aqui me criei, me casei e criei meus filhos. Eu faço parte da história da cidade.

Meu pai era uruguaio, falava bem enrolado o português. Era encarregado de uma seção de manilhas, dessas usadas em esgoto. Ele trabalhava na Cerâmica Pelotense. Ainda não existia esse cano prático de Brasilit, né? Se usava manilha de barro vidrada. Essa cerâmica quebrou em 1959, mas era muito adiantada pra época. Por exemplo, hoje, na cidade, se procurar com calma, ainda vai ver muito material da época da Cerâmica Pelotense. Eu digo isso até com um pouco de emoção, porque quando entrei pra Cerâmica eu tinha 16 anos, era muito jovem. E ninguém esperava, por exemplo, que a empresa fosse quebrar. Então, eu digo isso hoje com muita tristeza. Eu trabalhava, trabalhava o meu irmão, trabalhava o meu pai, trabalhava um tio meu, irmão da minha mãe. Praticamente passei a minha mocidade ali, e é por isso que me emociono.

Tive uma infância muito saudável. Nós brincávamos, existia bonde, e a gente se dependurava nos bondes. Meus pais tinham vaca de leite, e eu tinha que levar de manhã as vacas pro campo, e depois de noite tinha que buscar. E ia ajudar o parceiro do meu pai a ordenhar as vacas. Aprendi, inclusive, a tirar leite. Entregava leite. E aí o tempo de criança foi indo, né? Então, as brincadeiras praticamente foram parando. Muito jovem já comecei a assumir a casa, nós éramos cinco irmãos. Eu digo éramos porque uma irmã foi embora, já partiu pro mundo espiritual. O meu pai era analfabeto, a minha mãe, semianalfabeta. Então, a gente tinha muita dificuldade pra se sustentar, pra sobreviver. Não consegui ir além do primário, porque meu pai disse pra mim que era pra parar de estudar, e que fosse trabalhar. A minha mãe disse: "Mas o nego tá tão adiantado! Já tá no quinto ano". E ele disse: "Mas já tá bom de estudar. Já aprendeu a ler e a escrever. E mesmo porque nego nunca vai ser doutor. Então, ele vai trabalhar pra ajudar a criar os irmãos dele". Foi quando eu fui trabalhar na Cerâmica Pelotense.

Outra coisa de que me lembro muito é das festas católicas lá em casa. Fui batizado e crismado numa igreja católica. Eu tive uma doutrina católica. Só que na época eu estava ali, mas meio desconfiado. O meu bojo espiritual queria outra coisa. Com o decorrer dos anos eu fui me espiritualizando. E passei a praticar a umbanda. Hoje eu tô um pouco afastado, tive muitos anos dentro da religião da umbanda. Fui espiritualizado, fui mediunizado dentro da umbanda, mas eu tenho um grande respeito pela igreja católica.

Uma vez um tio meu faleceu, e estava sendo velado na sala lá de casa. Eu estava na cozinha. Daí a pouco chamei a mãe e disse: "O tio não tá morto". "Como não tá morto?" "Ele passou aqui agora, tava brincando. Inclusive, olha lá onde ele tá, ele tá na volta do caixão, olha ele lá." Ela: "Tu tá enxergando?!" E eu: "Tô enxergando!" Então, eu já estava me espiritualizando, e passei a partir dali a estudar o que é a morte, a me interessar mais pelo espiritismo.

Eu queria saber daqueles fenômenos que aconteciam comigo. Até hoje ouço vozes, elas falam comigo. Eu tenho um contato muito grande com o mundo espiritual. Resumo: eu sou um médium. Eu não acredito na morte, a morte é um meio, não é o princípio e nem o fim.

Eu me dei conta disso quando era bem criança. Uma vez me bateu uma doença, acho que varicela. E matava criança. Meu pai mandou chamar um cidadão que receitava homeopatia, que eu já estava desenganado pelo médico. Tanto é que eu já ia abandonando o corpo. E aí chamaram o falecido seu Sossó, e ele começou a me dar homeopatia de cinco em cinco minutos. E eu me lembro de quando ele chegou; eu estava em cima, no alto, e tinha umas entidades junto comigo ali. Eu já queria partir e disseram: "Não, não, não... Não parte, não! Isso aí agora vai dar certo! Volta pro teu corpo!" Eu lá de cima enxergando tudo aqui embaixo, inclusive o meu corpo. Aí foi quando eu retornei e hoje eu tô aqui.

Uma vez eu tive medo, pavor: era um homem branco, chapéu panamá, roupa branca, sapato preto, gravata vermelha. Ele não me agrediu, só fez um contato espiritual comigo. Ele disse: "Não te assusta que eu sou teu amigo e protetor, eu estive contigo até agora". Eu tinha 7, 8 anos. E ele: "Eu estive contigo até agora. A partir de agora, eu vou subir, e vou te abandonar pra tu desenvolver o teu livre-arbítrio e tomar conta da tua vida". Aí ele saiu em direção à cozinha, passou pela parede e desapareceu. Quando ele desapareceu, aí sim eu botei a boca no trombone de vez:

"MÃE! PAI! TEM UMA ASSOMBRAÇÃO AQUI DENTRO DE CASA!" AÍ, VIERAM LÁ, ME ACORDARAM. E EU DISSE: "NÃO, AQUI EU NÃO DURMO MAIS!"

Fui embora lá pro meio da cama deles. Eu era muito criança e foi a primeira vez, eu me assustei.

Minha família, no início, ficou muito preocupada. Porque teve uma época que o espiritismo era visto como coisa do demônio, coisa do diabo ou loucura; inclusive, na época muita gente foi levada aos psiquiatras porque eles achavam que aquilo era uma manifestação de loucura, de demência. Então, eles estavam simplesmente assustados. A minha mãe me pegou e me levou lá na igreja, pediu uma audiência com o padre e disse: "É, esse negrinho tá enxergando entidades, pessoas mortas, e a gente veio aqui pra ver o que dá pra fazer". O padre: "O que é que tu enxergava?" E eu: "Enxerguei isso, isso e isso...". E ele falou assim: "Isso aí é obra do satanás, isso aí é coisa do demônio". E eu disse: "Não é, padre, eles não me fizeram mal, eles até conversam comigo". E ele: "Mas... É... Isso é obra do satanás!"

Aí, eu ia fazer o quê? Então, a partir dali, quando eu tinha essas visões, eu não falava mais para os meus pais, porque senão eu ia terminar no hospício. A maneira de os meus pais lidarem com aquilo era que eu não falasse mais que eu estava vendo essas coisas. E depois de grande, eu passei a mediunizar, a participar dessas peregrinações espíritas, foi aí que eles se convenceram de que eu tinha um dom espiritual. Aí passaram a me respeitar mais, inclusive passaram até a se socorrer com as minhas entidades.

Depois que saí da Cerâmica, dirigi táxi, caminhão. E em 1969 ingressei na empresa Nossa Senhora da Penha. Tive imensa dificuldade pra entrar nos quadros de motorista da empresa, mas eu venci. Fui o primeiro negro no Rio Grande do Sul que trabalhou na Nossa Senhora da Penha. E digo com muita saudade, foi uma empresa que me tratou como gente. Depois de vinte anos eu me aposentei lá, nunca me envolvi com acidente, com nada. Eles fizeram uma festa pra mim, mandaram um carro-leito em Pelotas me buscar, eu e meus convidados – eu podia levar dezessete pessoas nesse carro –, e deram uma festa pra mim lá em Porto Alegre, num restaurante italiano.

Eu me aposentei em 1990, e passei a frequentar o Carnaval, o mundo da percussão. A primeira bateria-show de Pelotas eu tive o privilégio de montar. Eles nem sabiam o que era a bateria-show. E olhe que o Carnaval de Pelotas foi o segundo, o terceiro do Brasil. Porque em Pelotas tem muito negro. Depois passei a ser ensaiador, ensaiei todas as escolas de samba de Pelotas. E depois passei a confeccionar instrumentos de percussão.

Um amigo daqui, o Giba, me procurou pra ver se eu confeccionava quarenta instrumentos. Não existiam mais, porque até 1970 as baterias de Pelotas usavam esse instrumento, mas depois foram se acomodando, e começou a ser tudo sintético, com náilon, essas coisas todas. Esse instrumento era o sopapo, que é o atabaque-rei. Ele tem 1 metro de altura, é pesado, muito gostoso de tocar, você tira vários tons. No sopapo se bate com a mão. E tem que ter habilidade. Ele é um instrumento de origem africana, um legado dos escravos, que o deixaram em Pelotas, naquela área de Rio Grande, Pelotas, Guaíba, Barra do Ribeiro.

Eles me perguntaram como eu ia fazer. Mas eu respondi: "Como é que eu vou fazer não interessa. Tu quer que eu faça os instrumentos?" Aí eu fiz contato com o exterior, né, com os espíritos, e eles me ensinaram como eu tinha que fazer. E aí, nesse meio tempo, foi feita a Orquestra de Sopapos de Pelotas. Coube a mim montar essa orquestra, então foram dois anos de plena felicidade. Aí, como tinha muita gente envolvida, meninas, mulheres, a gente desfilava lá em Pelotas. Tinha uma orquestra de quarenta sopapos, tudo trovoando lá...

Algumas religiões usam o sopapo nas suas cerimônias. O descendente de africano traz na alma, traz no sangue essa musicalidade. Em menino tocava quase todos os instrumentos de percussão. E toco um instrumento que me celebrizou em Pelotas, a cuíca. De difícil manuseio a cuíca... Teve esse trabalho todo de música, da orquestra, e aí colocaram em mim um apelido, que era o "mestre". Mestre Baptista – passei a ser mestre Baptista. Digo sem vaidade, mas com bastante orgulho, trabalhei muito pra chegar aqui.

E passo esse conhecimento para as crianças. Não é muito difícil, porque a criança é muito receptiva. A criança, você senta ali, começa a conversar, tá aberta, tá cuidando de tudo, tá escutando tudo. Ela quer aprender. Pra ela é muito bom porque sabe que não pode vacilar. E a criança sabe que se quiser aprender tem que ter disciplina.

Então, essa bateria que teve sucesso lá em Pelotas, a primeira bateria-show lá de Pelotas, hoje toca em Florianópolis, eu entreguei pro meu filho. Certo? Ele também é meio metido a ensaiador... Pois filho de onça nasce pintado, né?

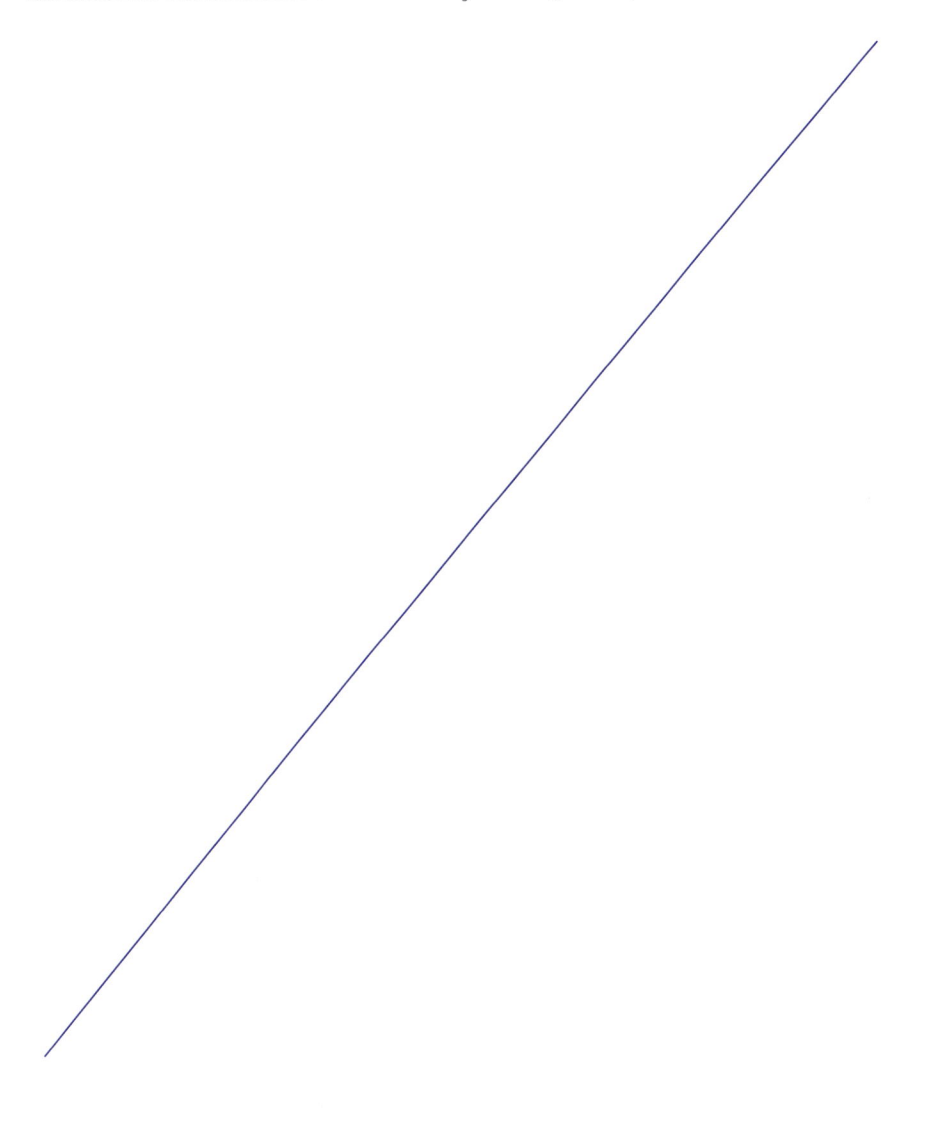

VALDETE CORDEIRO

POR ANA MARIA GONÇALVES

UMA VIDA INVENTADA

Há um bonito ditado iorubano que diz: "Se não sabes para onde vais, olha pra trás e saibas pelo menos de onde vens". Dependendo da situação em que nos encontramos, esse olhar para trás pode nos transformar na esposa de Ló – uma simples estátua de sal –, um efêmero monumento que insiste em não se render à irreversibilidade do tempo e que, por isso, vê-se paralisado, envolto em um tipo de nostalgia que quer e busca algo que não existe mais, ou que nunca existiu. Esta é uma nostalgia perigosa, mas também há aquela que não necessariamente nos prende ao passado, mesmo que nos remeta a ele, e nos leva a projetar um futuro de acordo com as nossas fantasias e necessidades do presente. E é nisso que Valdete é mestra.

 Órfã desde muito cedo, Valdete olhou para trás, não viu nada sobre o que começar a construir o futuro e fantasiou/realizou para si uma vida inteira, sabendo apenas o ano de nascimento e os primeiros nomes do pai e da mãe. Valdete foi "pega pra criar" por madrinha que, deduzo, deve ter tido bom coração. Como "filha de criação", igual a muitas meninas pobres que conheci no interior de Minas, tinha direito a casa e comida, em troca de muito trabalho e, geralmente, um futuro devotado à 'paga de gratidão'. Quem nunca ouviu falar de uma empregada que fica morando por anos e anos com uma família, e muitas vezes é até passada de mãe para filha, e a quem todos se gabam de tratar 'como se fosse da família'? Mas há quase sempre essa condicional: um 'como se' que nunca chega a 'é'. E é aí que a relação com a 'criada-pega-pra-criar' se perde: numa teia de cordialidade, sincera sim, mas quase sempre só cordialidade; num sentimento de culpa que bate nessas meninas quando pensam em alçar voo e sentem vontade de ter vida própria; na dificuldade infinita de romper com mais vínculos.

Valdete, embora tenha sido 'criada' por família de posses, quando quis ter uma festa de aniversário, economizou, comprou doce de boteco e fez de conta com caixa de sapato no lugar de bolo. Isso, depois de inventar uma data, porque também não sabiam dizer quando ela tinha nascido. Quando quis estudar, teve que descobrir como fazer para se matricular e inventar um endereço. Quando quis ser gente, cidadã, ter certidão de nascimento e carteira assinada, teve que fazê-lo por si só e inventar um sobrenome. Ao longo da vida, e desde criança, Valdete se inventou e reinventou muitas vezes, desafiando e transformando não apenas um futuro que lhe parecia inevitável, mas também o de muitas pessoas ao seu redor.

Valdete deve e pode se orgulhar muito do lugar onde está hoje, e de onde olha pra trás. Porque ela vem de longe, de muito longe. De lugares que a maioria de nós – inclusive eu, ficcionista – não conseguiria imaginar. Pois há momentos em que a imaginação não dá mesmo conta da vida. E a gente tem que deixar de ser estátua de sal e ir lá viver. Viva, Valdete!

Ana Maria Gonçalves é escritora, ganhadora do Prêmio Casa de las Américas em 2007.

VALDETE

NASCEU EM 1938,
NA CIDADE DE BARRA, BAHIA

"COMPREI AS VELAS, ENFIEI NA CAIXA,
FOI MEU BOLO DE ANIVERSÁRIO."

DEPOIMENTO AO MUSEU DA
PESSOA EM 05/08/2007

Vou contar a história do meu primeiro aniversário. Olha, não sabia a data do meu aniversário. Só sabia o ano em que nasci. Mas não sabia o dia, o mês. Eu perguntava para a minha madrinha e ela falava: "Ah, menina, não sei não!" E eu era chamada para ir a aniversários dos vizinhos e tal. No último aniversário em que eu fui fizeram no jardim a história da Branca de Neve. Estava lindo, aquele bolo maravilhoso. Aí inventei o dia do meu aniversário: dia 7 de setembro. É inventado o meu aniversário. E quis fazer uma festa. Fui juntando dinheiro, quando foi dia 7 de setembro, convidei a meninada, a grã-finada toda, comprei aqueles doces no botequim, cortei os pedacinhos, pus em um prato. E o bolo?! E o bolo? Eu não tinha bolo. Arrumei uma caixinha de sapato, comprei as velas – antigamente não tinha número, tinha que comprar uma caixinha de velas. Comprei as velas, enfiei na caixa, foi meu bolo de aniversário. Fui para o fundo do quintal e fiz aquela festa. Foi uma festa maravilhosa. A meninada gostou, porque eles estavam acostumados com festa grã-fina, adoraram a minha festa. Bolo de caixa de sapato e doce de botequim.

E eu não tinha registro também. Quando fiz 16 anos, todo mundo tinha registro e carteira assinada. Na hora de registrar, cadê o sobrenome? Eu sabia meu primeiro nome, o do meu pai e o da minha mãe, mas não tinha sobrenome. Inventei na hora: Manoel da Silva e Ornelina da Silva. Meu nome: Valdete da Silva. E me registrei como se fosse da Silva. Só sabia o nome da minha cidade. E assim minha vida começou, desde menina inventando a minha vida, e foi assim. E agora, tem três anos, uma pessoa está escrevendo a minha vida. E ela descobriu alguém na Bahia e pediu meu batistério, veio no ano passado. Então meu aniversário é dia 12 de abril e o meu sobrenome é "de Jesus". Mas continuo com da Silva mesmo, e com 7 de setembro. Não vou mudar a minha vida, que eu mesma inventei. E assim é a minha vidinha.

Nasci na cidade da Barra, na Bahia. Quando meus pais morreram, a minha madrinha de crisma me pegou para criar. Ela veio para Minas Gerais, eu vim junto. Vim para Belo Horizonte mais ou menos com uns 5 ou 6 anos, e fui criada com essa família. Eles eram minha família, um casal de brancos, de classe média. Eles nunca tiveram filhos, e criavam, geralmente, os filhos dos outros. Não tive muita oportunidade de estudar, acho que porque eles nunca tiveram filhos, não sabiam o que era a responsabilidade de criar uma criança.

ELES NÃO ME PUSERAM NA ESCOLA, EU MESMA ME MATRICULEI.

Conheci uma menina que era pedinte, e ela estava na escola. Perguntei: "Como você fez para entrar na escola?" E ela falou: "A minha avó me matriculou. Só que para entrar na escola você não pode falar que mora onde mora". Eu morava no bairro Funcionários. "Tem que falar que mora na favela, com a avó, e eles fazem sua matrícula."

E assim eu fiz. Fui à escola, falei que morava na favela do Pau Comeu, que não tinha pai e nem mãe, e morava com a minha avó. A diretora me chamou, fez a matrícula, ganhei tudo: materiais escolares, uniformes. Aí comecei a estudar. Mas era muito levada e o castigo era não ir à escola: "Hoje você não vai à escola!" E eu era uma das melhores alunas, principalmente em matemática. Estudei o primeiro e o segundo ano. Quando foi para passar do segundo para o terceiro não fiz as últimas provas, estava de castigo. Andando na rua encontrei a minha professora, no ponto do ônibus: "Ô, Valdete, logo você, minha melhor aluna, perdeu a última prova. Não vai passar esse ano!" Eu não disse nada. Apenas chorei e nunca mais fui à escola. Tenho o segundo ano primário, foi o que eu fiz. Tentei agora, há dois anos, continuar o estudo, mas tenho um bloqueio, não consigo continuar os estudos.

Meu primeiro trabalho foi como empregada doméstica, em casa de família. Dessa casa saí no dia em que me casei. E aí tive a minha vida de casada. Meu marido era pintor de parede, e ele jogava em um time de várzea. Depois ele passou a jogar profissional, jogava em Formiga, uma cidade em Minas Gerais. E me mudei para lá com ele. E lá ele teve, assim, um fracasso na vida. Passei muita necessidade, tive que vir embora para Belo Horizonte, recomeçar a minha vida. Não podia voltar mais para a casa dos meus pais de criação, a minha mãe tinha falecido, meu pai morava com outra pessoa.

E eu tinha quatro filhos. Então era difícil. A minha sogra tinha uma amiga que morava no Alto Vera Cruz; me instalei nessa favela do Alto Vera Cruz. E fui vivendo, procurando emprego, voltei a ser empregada doméstica, assim fui criando meus filhos.

Morei de aluguel algum tempo. Às vezes era despejada das casas porque não tinha dinheiro para pagar o aluguel, e assim fui vivendo. Até que um dia a minha irmã – eu tenho uma irmã de criação –, que morava nesse local, falou comigo: "Eu te dou um pedaço aqui, você constrói e sai do aluguel". Fui lutar para conseguir construir o barraco. E fui atrás dos engenheiros – eles desmanchavam prédio, pedia para eles me darem os tijolos. Eu ajudava a desmanchar as casas, e consegui ganhar os tijolos. E daí por diante fui lutando, até conseguir construir dois cômodos. E me mudei para lá, sem água, sem luz, sem nada. E isso tem 31 anos que eu moro nesse lugar. A minha filha caçula tinha três meses quando me mudei para lá.

E não foi coincidência ir para esse lugar. Nada de coincidência. Acho que tinha que estar lá porque cheguei e não tinha água, não tinha luz, não tinha rua. Tinha algumas casas, muito mato. E quando comparei o lugar onde eu fui criada, o bairro dos Funcionários, com o lugar onde eu estava morando, a diferença era muito grande. Mas pode ser igual, por que não? Aí comecei a pensar em como lutar pela melhoria daquele bairro, e não sabia como. Tinha uma mulher que estava visitando as mulheres, conscientizando dos direitos, dos deveres. Vou chamar as vizinhas, quem sabe está aí a solução para a melhoria do bairro?

CHEGUEI A JUNTAR 50 MULHERES NA MINHA CASA. E COMEÇAMOS A LUTAR PELA ÁGUA, PELA LUZ, POR ESCOLA, POR CRECHE, A GENTE NÃO TINHA NADA. E HOJE NOSSO BAIRRO É MARAVILHOSO.

E depois da luta pela melhoria, surgiu meu trabalho com as "Meninas de Sinhá". Eu passava todo dia em frente ao Centro de Saúde quando ia trabalhar. As mulheres saíam do Centro de Saúde com sacolas de antidepressivo. Eu achava aquilo, assim, um horror. Como uma pessoa toma tanto comprimido em um dia? E comecei a observar as mulheres, parar e conversar com elas: "Por que você toma esse remédio?"; "Ah, porque eu sinto uma dor aqui dentro... Eu sinto uma angústia. Eu sinto tristeza. Eu tenho vontade de chorar. Se não tomo esse remédio, eu não durmo". Comecei a notar que as mulheres não eram doentes, elas precisavam de autoestima. Elas precisavam cuidar mais delas. E voltei para casa pensando assim: "Gente, o que vou fazer com essas mulheres?!"

Chamei as mulheres para bater papo. Mas foi difícil, porque elas falavam: "Tenho roupa para lavar, tenho casa para cuidar, almoço para fazer. Eu vou bater papo?! Sentar para bater papo?!" Quer dizer, elas não tinham tempo para isso. Mas eu fui muito insistente. "Mas vamos conversar um pouquinho, para melhorar a sua saúde, para tirar um pouquinho a sua angústia." Aí eu consegui umas duas, depois foi outra, fui conseguindo aos pouquinhos.

Depois começamos a fazer trabalhos manuais, tapetinhos de amarrar, fuxico. Quem sabia alguma coisa passava para a outra. Mas aquilo não estava melhorando muito a vida das mulheres, continuavam tomando remédios, continuavam tristes. Eu não sabia o que fazer.

Numa festa, fiz expressão corporal. E vi que era aquilo que eu precisava para o meu grupo, trabalhar com o corpo e com a mente. A professora era da Prefeitura. Fui à Prefeitura, expliquei, eles deixaram a professora comigo seis meses. As mulheres começaram a melhorar com a expressão corporal. Teve um evento em que se apresentavam diversos grupos – capoeira, dança afro, banda, *hip-hop, rap*. Fomos convidadas para apresentar a expressão corporal. Estavam lá duas mil pessoas, a maioria jovem. E as mulheres diziam: "Valdete, não vamos ali em cima, vamos ser vaiadas. Aquelas meninas novinhas, agora sobe esse monte de velha". "Não! Vamos sim. Nós vamos subir, vai ser muito bonito. Nós vamos ser aplaudidas!" Agora... dentro de mim eu estava com medo. Só não podia demonstrar para elas. Quando chegou a hora de a gente se apresentar, enfeitamos pauzinho de vassoura de verde e amarelo, a nossa blusinha era amarela. Quando subimos e começamos a fazer a ginástica, foi um silêncio... Eu olhava e só escutava o barulho dos carros. "Meu Deus, depois desse silêncio, se vier uma vaia, o que eu trabalhei com essas mulheres, até hoje, vai tudo por água abaixo."

Então, quando nós terminamos, fomos muito aplaudidas, tinha gente chorando, gente assobiando, foi aquela maravilha mesmo. Quando nós descemos, uma delas olhou para mim, pôs a mão nas cadeiras, falou assim: "Viu, minha filha?! Nós somos artistas!" E daí por diante começamos a apresentar expressão corporal em todas as festas de prefeitura, seminário, congressos...

Na sexta-feira, geralmente uma falava assim: "Vamos brincar de roda?" Aí veio a ideia de formar um grupo e sair brincando de roda nas escolas, nas creches, nas praças. Elas traziam um canto que lembravam da infância. Gravamos as músicas. E fizemos pesquisas. Senhoras de bastante idade, que já não andavam muito, elas iam lá, conversavam, as senhoras cantavam, e a gente gravava a música daquelas senhoras. "Olha, Valdete, nós temos que ter uma roupa. Apresentar um grupo com uma roupa comum? Tem que mudar. E mudar o nome do nosso grupo", que se chamava Lar Feliz. Quando meus filhos eram pequenos, participaram de um grupo de dança de maculelê que se chamava Meninos de Sinhá. Então pegamos o nome Meninas de Sinhá. E aí se formou o grupo, com roupa nova. Meninas de Sinhá.

Inauguramos um centro comunitário no Alto Vera Cruz. E desse dia em diante rodamos Minas Gerais quase toda, o Vale do Jequitinhonha, Rio, São Paulo, Salvador, gravamos um CD. O amor fez crescer o nosso grupo. A família que não tive achei junto com as mulheres. E hoje eu sou uma mulher feliz. Elas são felizes, umas cinquenta mulheres. Elas não tomam mais remédio para depressão. E elas não têm mais tristeza, é só alegria. E já temos agora as Netinhas de Sinhá, que também estão aprendendo as cantigas de roda.

Eu queria terminar falando que os adultos nos procuram porque lembram de coisas antigas. Porque eles falam comigo: "Lembrei da minha avó"; "Aí, lembrei da minha mãe!"; "Lembrei da minha infância". E muitas vezes as pessoas choram mesmo. Teve um senhor que chegou perto de mim e falou assim: "Olha, eu não tive vergonha de chorar, eu chorei!" É bom a pessoa chorar de alegria.

SEBASTIÃO MARINHO

POR JOSÉ ROBERTO TORERO

SÓ UM SEBASTIÃO

A história de Sebastião é comum e única. É a mesma de muitos e é só dele.

Como muitos, é um nordestino que veio para São Paulo ganhar a vida. Mas, como poucos, veio para ser cantador.

Como muitos, tornou-se zelador. No caso, na rua das Palmeiras, em Santa Cecília. Mas, como só ele, saía toda noitinha para cantar.

Como muitos, Sebastião começou bem cedo, com 8 anos, lendo cordéis para os pais. Uma festa se formava em volta do garoto e, depois de um tempo, era uma choradeira só.

Foi crescendo e aprendendo. Aprendeu como se faziam sextilhas, martelos agalopados, toadas gemedeiras, emboladas e galopes à beira-mar, coisas que nem sei o que são, mas que têm nomes tão musicais que devem ser uma maravilha.

Saiu de casa aos 20 anos de idade, pois a família não queria que ele fosse cantador – coisa de vagabundo.

Como muitos, comeu o pão que o diabo amassou. Mas, como alguns, arranjou uma manteiguinha e transformou azares em sortes.

Andava dias para fazer uma cantoria. E acabou chegando a São Paulo, depois de 52 horas de ônibus, numa viagem de "engrossar mocotó".

Cantou em bares, rádios e nos cortiços da cidade, cheios de nordestinos. "Eram doze em cada quartinho, eu começava a cantar os poemas de Nordeste, eles se danavam a beber e a chorar."

Como muitos, ele estava no Anhangabaú no dia das Diretas Já. Como poucos, subiu no palanque, com Ulisses Guimarães e Osmar Santos, e teve que dar um bis e um tris para a multidão.

Como muitos, fez shows em lugares estranhos. Mas, como poucos, foi contratado para abrir o show de uma banda de rock. E ouviu uma vaia de estourar os tímpanos.

Como muitos, esteve em programas de rádio. Como só ele, fez um cordel para crianças a quatro mãos com Shakespeare.

Sebastião parece apenas mais um rosto nordestino na multidão de São Paulo. Mas não há multidão. O que existe é um monte de histórias únicas caminhando lado a lado. Nossos olhos é que sempre enxergam a massa, o todos, o plural, mas raramente o um por um. E aí a gente acaba perdendo histórias como a de Sebastião, que é rara, que é singular e que é única.

Ou seja:

> Cada um é cada um,
> Não existe multidão,
> Todo mundo é diferente
> Como dedos numa mão.
> Na rua tem muita gente,
> Mas só um Sebastião.

José Roberto Torero é escritor, cineasta e roteirista, foi ganhador do Prêmio Jabuti em 1995.

SEBASTIÃO

NASCEU EM 1948, EM SOLÂNEA, PARAÍBA

> "PARA A CANTORIA NO SÁBADO, SAÍA NA QUARTA-FEIRA A PÉ. NÃO TINHA DINHEIRO PARA PAGAR A PASSAGEM."

> DEPOIMENTO AO MUSEU DA PESSOA EM 14/06/2011

Sou de uma região denominada Bom Sucesso, pertencente ao município de Solânea, Alto Curumataú, lá na nossa Paraíba. De Campina Grande a São Paulo eram 52 horas de ônibus. Eu fiz essa viagem quando tinha 28 anos, e cheguei aqui com os mocotós dessa grossura!

Nós temos o costume de todo ano pintar a casa, ou passar cal, então trazia a imagem da São Paulo toda iluminada, banhada a ouro, aquela maravilha. Tudo limpo. Tudo encantador. O chão, para mim, devia ser um tapete. Saltei, era abril de 1976, na estação Júlio Prestes e vi tudo ao contrário: o que mais tinha era cachorro vira-lata e mendigo, aqueles prédios sujos, a fuligem louca. Mas bebi da água e continuo aqui, são mais trinta anos.

Fui me virar, precisava de algo fixo. Fui ser zelador de prédio, ali na rua das Palmeiras, 268, em Santa Cecília. Eu era homem do campo, não sabia daquela função de zelador, tive que aprender. Morava no prédio, lá em cima, não pagava aluguel, não pagava água, e tinha o salário certo. Aquele prédio era diferente dos outros: morava somente inquilino, cada um tinha sua chave. Eu fazia tudo, de síndico a faxineiro. Uma vez por mês eu lavava aquele prédio, pegava de apartamento em apartamento, tocando a campainha de um por um. "Vamos ajudar!" Aí todo mundo pegava duas vassouras e todo mundo ia lavar o seu andar, jogava água de mundo abaixo, era uma coisa muito gostosa.

Até ali ninguém sabia. Já tinha mais de ano que eu trabalhava no prédio; eu saía toda noite, mas ninguém sabia o que eu fazia. Uma vez eu fui ao programa do Rafael Carvalho, na TV Tupi, e quem mandava era a Tupi. Me apresentei tocando a viola junto com o Téo Azevedo. Quando terminei o programa e voltei para casa estava o povo todo no meu prédio me esperando. "Eu quero ver o senhor! O senhor é artista! O senhor é um artista e está trabalhando aqui?!" Mas eu expliquei pra eles, eu não tinha como sobreviver profissionalmente direto em São Paulo. Era questão de espaço, que a gente não tinha. Era perseguição danada ao nordeste. Foram mil coisas que a gente lutou para fazer de São Paulo esse espaço nordestino estupendo que hoje é.

Sempre fui cantador de viola, compadre. Comecei com 8 anos, lendo história de cordel para o meu pai e a minha mãe. Eles acharam uma maravilha, e todo mundo curtiu o menino cantando. Reunia a família todinha, eles preparavam o cuscuz de milho, café, bolacha seca, e eu começava, no clarão da lamparina, porque não tinha outra luz, e eu lia *O pavão misterioso*, *O cachorro dos mortos*, *Os sofrimentos de Alzira*. Eu entrava tão profundo na história... Dali a pouco, dependendo do assunto, todo mundo estava chorando. Aquela coisa linda, meus avós ali perto. Meu avô foi promotor de cantorias. Ele tinha um casarão enorme, e eram duas cantorias por ano: na véspera de São José e no Dia de Todos os Santos, março e novembro. O povo da região passava a noite com os cantadores. E com eles comecei a sentir os primeiros versos. Eles me explicavam como se fazia uma sextilha, como desmanchava um martelo agalopado, como fazia uma toada gemedeira, a embolada, um galope à beira-mar.

Mas a coisa ficou brava mesmo quando comecei, com 15 anos, encarando os primeiros cantadores na minha região, na casa do meu avô. Eu era convidado para cantar no local, cantava com os cantadores, mas não profissionalmente. Segurava o desafio, segurava os cantadores, mas a família sentiu que eu ia partir e lá veio a pressão.

"NÃO, VOCÊ NÃO PODE, PORQUE ISSO É VIDA DE VAGABUNDO." GOSTAR DE ARTE TODO MUNDO GOSTA, MAS NÃO DE TER UM ARTISTA NA FAMÍLIA. E ASSIM ME SEGURARAM ATÉ OS 20 ANOS DE IDADE.

Quando tinha 20 anos, no dia 15 de novembro de 1968, foi a minha primeira cantoria oficial, com um cantador chamado Cícero Beija-Flor, de Catolé do Rocha. E dali começou a minha história. Tinha que me segurar, porque a família me dispensou. Veio a família: "Continua, mas se estiver passando fome, não volte, ninguém vai lhe dar a mão!" Daí meti a cara. Sofri como um danado. Cantar por esporte, tudo bem, mas quando é para encarar profissionalmente, sofri os diabos. Passei fome, andei a pé. Ia a pé de Solânea até Picuí, umas 15 léguas. Para a cantoria no sábado, saía na quarta-feira a pé. Não tinha dinheiro para pagar passagem. Mas não voltei pra casa.

Em 1970 lancei um programa numa emissora chamada Rádio Cultura, de Bananeiras, vizinha da minha cidade. Em 1973 terminei o programa e passei para Campina Grande, João Pessoa e Recife. Nessa época as famílias compravam os primeiros rádios, e começaram a me ouvir.

Aí vim a São Paulo, direto para participar da Semana Nordestina, no Anhembi. Era para vir de avião, mas eu tinha medo de encarar o asa dura, aí troquei as passagens, e foram aquelas 52 horas de ônibus, aquelas de engrossar o mocotó. Fui para o Hotel do Borba, no Brás, e aí arejou – encontrei de cara Jackson do Pandeiro e Luiz Gonzaga. Estavam lá também a Anastácia e o Dominguinhos, que era um moleção. Essa Semana Nordestina era para durar somente oito dias, mas a coisa pegou tanto! Foi muito movimento, prorrogaram para mais quinze.

Comecei a procurar os conhecidos e fui cantar nos cortiços. Ia visitar a turma, e a turma pedia: "Leva a viola". E numa semana ganhei o triplo do cachê que estava ganhando. Eram doze em cada quartinho, uma churrascada danada, eu começava a cantar os poemas de Nordeste, eles se danavam a beber e a chorar. E passava a bandeja, e botavam dinheiro na bandeja.

Mas acabou a Semana Nordestina, voltei para Campina Grande, já pensando em ficar em São Paulo. Era 1976. Fiquei um mês e voltei de vez, e foi aí que surgiu esse trabalho de zelador. Depois surgiu o metrô lá em Santa Cecília e bagunçou o coreto. Abriram uma cratera, deixaram uma trilha na calçada para passar. Eu não podia chegar de madrugada. Muitas vezes me tomavam a viola, era assalto; de madrugada ali não tinha nada. Os caras enquadravam, desanimei. Pedi as contas e fui embora do prédio. Fiquei três anos ali.

Aí teve uma cantoria oficial na rua Augusta. Tinha que fazer uma cantoria ali pertinho, peguei a viola e saí descendo a rua Augusta. Aí escuto um barulho danado, gente demais numa churrascaria. Vou ver, dois gaúchos cantando, repentistas, trovadores gaúchos. Mas não tinha um gaúcho, a não ser o dono da churrascaria. A casa estava lotada, de canto a canto, só de nordestinos. Que coisa mais sem jeito! Vou ao dono da churrascaria, eu com a viola: "Acho que o cantador desse público é a minha linha, que é de repentismo". Ele ficou entusiasmado: "Você é repentista? Então canta para os conterrâneos seus". No mesmo dia, na mesma hora, pego o violão do danado do gaúcho, chego lá e começo... Compadre, vi minha gente suspirando, meio bebaça, respirando fundo. A poeira subiu, o gaúcho endoideceu. Falei com o João Quindingues e nós fomos. Todo sábado na churrascaria.

E assim a vida ia. Tenho boas lembranças. Vou contar duas. Uma, foi a minha maior consagração. A coisa que eu mais gostei. Foi quando a gente participou, em 84, aqui no Vale do Anhangabaú, das Diretas Já. Participei da campanha das Diretas Já em cima daquele palco, aquela multidão. Junto com Tancredo Neves, Ulisses Guimarães. Estava todo mundo junto. Foi quando eu vi o Anhangabaú todinho me aplaudindo, e de pé. Porque nem tinha cadeira, todo mundo na rua. O Osmar Santos era quem estava apresentando.

CANTAMOS CINCO MINUTOS E DAÍ A POUCO O POVO GRITANDO E PEDINDO QUE A GENTE VOLTASSE DE NOVO. A GENTE FEZ UNS CINCO MINUTOS. AÍ FICOU O POVO GRITANDO QUE A GENTE VOLTASSE. A GENTE VOLTOU E FEZ MAIS DEZ. AQUELA MULTIDÃO. UMA LOUCURA AQUILO ALI.

Mas aí vem o contrário. Em 1989, 90, eu e o Mário Heleno fomos contratados pra abrir o show de uma banda dessas, banda de rock, nem me lembro o nome. Era no Olímpia, na Lapa. Um cachê alto, tudo certinho, uma multidão danada. Quando chega a hora a gente entra, tudo escuro. Abriram as cortinas, começamos a cantar. Meu compadre, a minha estrofe saiu, mas a do Heleno não teve jeito. Olha, foi batom, tênis, sacola, o diabo. Tudo que não prestava caiu em cima da gente. A gente olhou, estava aquela turma com o cabelo moicano, o cabelo doido, cabelos vermelhos e azuis. Tudo em ponto de bala para embalar na banda. Aí entram dois repentistas cantando ao som da viola. Vaia! Então foi a maior vaia que eu tomei em toda a minha vida. Esses são os dois ângulos: o aplauso da multidão nas Diretas Já, e a vaia estupenda do Olímpia.

A cantoria tem isso, a viola tem isso, e é isso que queremos manter, passar adiante. Nós já fomos muito perseguidos. A situação só mudou quando a Luiza Erundina foi prefeita. E teve a Rádio Atual, a criação da Ucran, essa organização nossa. Significa União dos Cordelistas, Repentistas e Apologistas do Nordeste. E ela vem desde 1988 fazendo muita coisa acontecer.

Agora, quis pagar uma dívida com meus velhos mestres. Escrevi um livro, Romeu e Julieta em poesia para crianças. Isso vem lá de trás. No meu tempo de menino era muito difícil ir à escola. O pai, para distrair a molecada, ia para a cidade, comprava os folhetos e levava para os filhos. Os meninos começavam a aprender as primeiras letras ali. Então, achei essa ideia do livro infantil muito boa. E o Shakespeare... Foi gostoso, nunca tinha me aprofundado naquele texto. A gente usava Romeu e Julieta na cantoria, mas nada com conhecimento, usava mais de ouvido, que alguém tinha falado.

Acho que estamos num tempo novo. Como ontem o cordel foi tão importante na minha caminhada, hoje é importante para o desenvolvimento da leitura. Obedecendo às rimas e às métricas, é muito mais prático fazer a leitura. Para a criançada isso é ótimo. Tem tanta coisa que a criança se envolve por aí afora, coisas que até não levam a canto nenhum. E, olha, estou querendo voltar para as ruas, organizar umas três duplas de repentistas e ir para as ruas, montar um programa de rádio, muitos projetos.

A viola sempre me deu muita alegria, muita. Tive uma muito grande que eu conto agora. Depois que saí de casa, quase excomungado, fiquei três anos sem voltar para a terrinha. Nem pra cantar e nem pra visitar o povo. Saí mordido mesmo, porque o negócio era triste. Aí eu volto em Solânea, tinham preparado uma cantoria no grupo escolar, não era nem perto lá de casa, ficava assim a uns 6 quilômetros. Aí subo lá no palco, entrei por trás, e no que eu olho para a plateia na minha frente, estava minha família todinha, meus pais, meus avós, os tios, tudo ali na frente! Foi uma emoção muito grande. São esses os momentos que a viola dá para a gente.

Aos 63 anos, estou muito feliz. Estou feliz porque eu até pensei, quando eu completasse os 60 anos, em brecar a viola. Brecar de cantar. Mas parece que agora, depois dos 60, foi que eu peguei pique! Eu agora não sei quando vou parar, não.

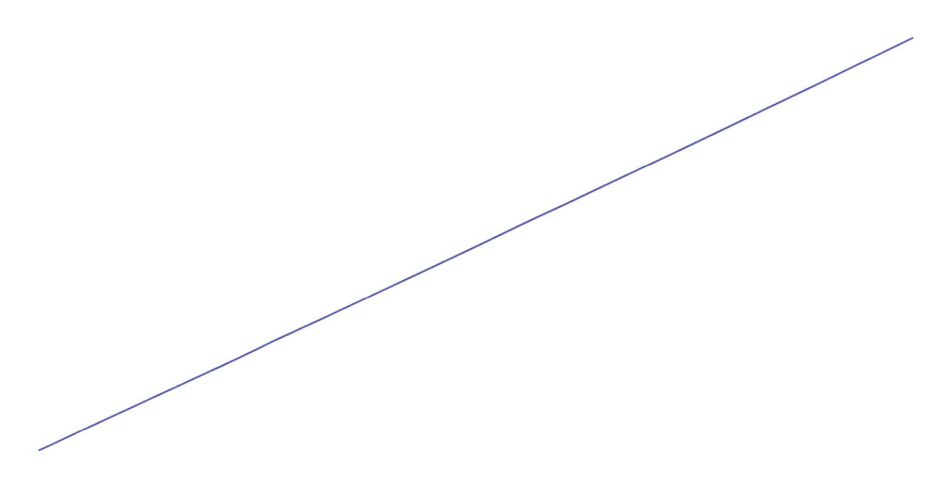

RODRIGO MENDES

POR DANILO SANTOS DE MIRANDA

UMA FIGURA INSPIRADORA

Quando conheci Rodrigo Mendes e o Instituto, percebi que ali tinha uma união de ideias na qual insisto há anos: educação e cultura devem andar de mãos dadas. Rodrigo Mendes fez essa brilhante junção quando criou uma plataforma de inclusão social com o Instituto, cujo trabalho se presta a desenvolver uma motivação e uma nova capacidade de se relacionar com a sociedade entre os portadores de mobilidade reduzida.

Reconhecer o direito de cada um, ajudar a sociedade a pôr em prática sua capacidade de ajudar e de entender as limitações de cada portador de necessidade especial, é pregar a cidadania e os direitos humanos acima de qualquer constituição ou moral, isto é, projeto de visão global de um comportamento que todos deveríamos adotar. Não há tecido social que não se torne coeso à medida que o entendimento geral fica cada vez mais óbvio, não no óbvio banalizado, mas naquele absorvido pelo cotidiano de todos, no hábito civilizatório.

Minha formação de alguém que viu a democracia caminhar com insistência e certa vagarosidade para minhas ambições políticas mostra com nitidez que a fórmula de protestar usando a arte como argumento e mediação se perfaz com um resultado louvável, de modo a incidir em todos um zelo preciso para uma maior acessibilidade, um comportamento agregador e uma preocupação de investigar a sensibilidade das pessoas – o que as toca, o que as move, o que as emociona, o que as chama cada vez mais para dentro do mundo – sem restrições. Pois não há arte sem livre pensamento, assim como não há livre pensamento sem democracia. E por que não dizer que não há democracia sem convívio? A interação entre as pessoas e a maneira simbiótica de lidar com o diferente ensinam a melhor das formas para combater a desigualdade e a injustiça.

Rodrigo Mendes vive em um permanente estado de alerta que o inspira a elaborar estratégias pedagógicas, buscar cooperações com políticas públicas e inserções em debates contemporâneos. Sua bandeira é o respeito pela diversidade, o trabalho com o tempo singular de aprendizagem e a percepção profunda que cabe ao indivíduo.

A redução de mobilidade ou a necessidade de cuidados especiais sempre vão existir em alguma parte da sociedade, infelizmente. O que tende a desaparecer radicalmente – almejo crer, como otimista incorrigível que sou – é o preconceito desprezível e a falta de interpretação de um mundo complexo e insétil.

Há que se encantar todos os dias com o percurso que o próprio ser humano se desafia a fazer. O direito ao acesso à educação se apresenta como a mais relevante das conquistas. Se se percebe o sentido do conhecimento como o mais importante dos intangíveis, o melhor presente para uma evolução permanente da sociedade, há que se imaginar que não há solidariedade que se baste, e que existe de fato esse propósito harmônico e afortunado no trabalho diário de Rodrigo Mendes.

Danilo Santos de Miranda é sociólogo e gestor cultural, diretor do Sesc-SP.

RODRIGO
NASCEU EM 1971, EM SÃO PAULO, SP

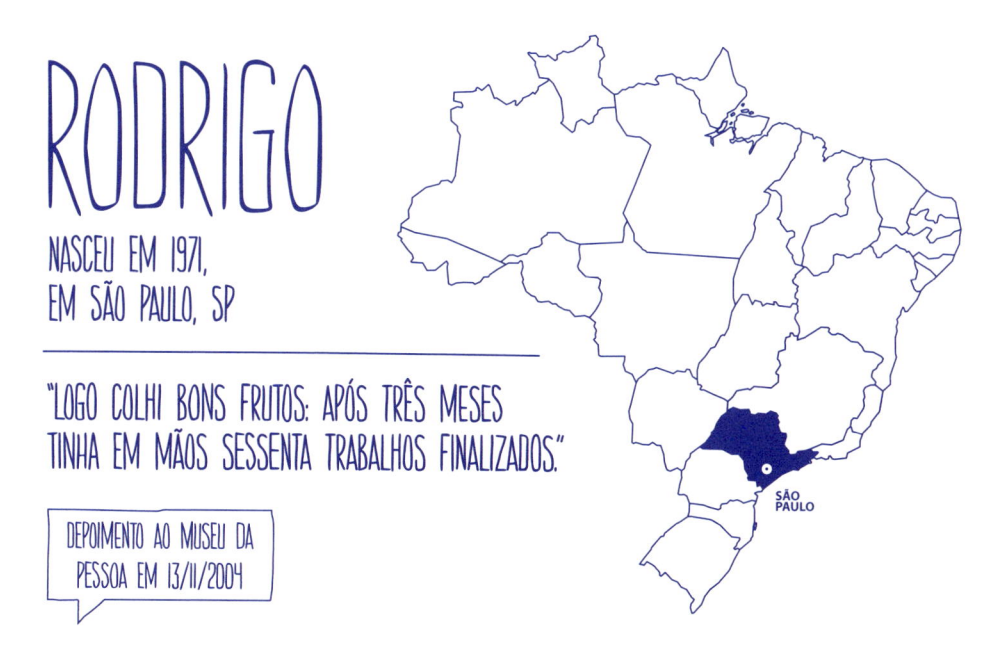

"LOGO COLHI BONS FRUTOS: APÓS TRÊS MESES TINHA EM MÃOS SESSENTA TRABALHOS FINALIZADOS."

DEPOIMENTO AO MUSEU DA PESSOA EM 13/11/2004

Nasci em São Paulo, em 30 de setembro de 1971. Como a maioria dos brasileiros, minha ascendência envolve uma série de misturas. Meu pai, José, tinha avós espanhóis e italianos, enquanto minha mãe, Sonia, traz em sua árvore genealógica alemães, austríacos, italianos e, diz a lenda, índios brasileiros. Desde o jardim de infância, eu e meus irmãos Fabiana e Conrado estudamos no Colégio Visconde de Porto Seguro, escola de origem alemã, na qual permanecemos até o final do ensino médio. Guardo felizes lembranças dos meus treze anos como aluno do Porto.

Ao contrário de grande parte de meus colegas, minha decisão sobre a escolha profissional não envolveu grandes polêmicas e angústias. Quando criança, por influência de meu pai, considerava o futebol meu esporte favorito. Não só como torcedor apaixonado do Corinthians, mas também como praticante. Após anos dedicando minhas tardes a peladas com meu primo no quintal de casa, acabei desenvolvendo certa intimidade com o assunto. Entre todas as atividades esportivas que praticávamos no colégio, a bola nos pés sempre foi minha zona de conforto e destaque.

Aos 13 anos, em virtude de uma lesão no joelho direito, fiquei afastado do futebol por alguns meses, o que representou uma grande frustração e, talvez, a primeira grande adversidade com a qual fui obrigado a lidar na minha vida. Tentei resolver a questão por meio de fisioterapia, mas acabou sendo necessária uma intervenção cirúrgica. Resumindo a história, três meses após a operação do meu joelho, estava eu jogando bola novamente, sem nenhuma dor ou limitação. Essa recuperação teve tal importância que decidi fazer Medicina. Nada me parecia mais nobre do que uma profissão que devolvia às pessoas bem-estar e qualidade de vida. Passei a divulgar que seria médico, mais especificamente ortopedista, especializado em operar joelhos de esportistas.

Segui decidido a percorrer esse caminho até os 18 anos, quando comecei um cursinho pré-vestibular. Em agosto daquele ano, ao sair de casa para levar meu irmão num jogo de tênis, fui surpreendido por dois assaltantes que pretendiam levar meu carro. Sem ao menos manifestar suas intenções, um deles atirou em meu pescoço, abriu a porta do carro, jogou-me no chão e levou o veículo. Começava ali uma nova etapa da minha vida.

MINHA RELAÇÃO COM A ARTE TEVE INÍCIO NA ÉPOCA DO JARDIM DE INFÂNCIA, QUANDO COMECEI A FAZER DESENHOS DE OBSERVAÇÃO DOS MÓVEIS DA MINHA CASA.

Pela primeira vez passei a observar mais atentamente as questões de luz, sombra e perspectiva, na tentativa de traduzir o mais fielmente possível os objetos que retratava. Gostava também de desenhar paisagens e colori-las com giz de cera, usando uma técnica de *dégradé* que aprendi com um amigo. Não demorou muito para meus trabalhos começarem a chamar a atenção das pessoas. Inicialmente dos meus pais, depois dos meus primos, tios e amigos. A arte foi, portanto, a primeira atividade por meio da qual me senti reconhecido.

Após acumular várias pastas com minha "produção", minha mãe decidiu fazer uma pequena exposição durante uma de minhas inesquecíveis festas de aniversário dessa época. Recebi em casa todos os meus colegas do colégio e parentes, durante uma tarde em que um dos pontos altos era a presença de um carrinho de cachorro-quente (o mesmo que ficava na porta do clube que frequentávamos), sem limite de consumo. A exposição foi montada em uma das paredes da garagem, por onde todos os convidados passavam. Pouco tempo depois, o futebol passou a ser o foco de minha atenção, e minhas tardes deixaram de ser culturais.

Voltei a ter um contato mais intenso com as artes visuais aos 19 anos. Na época, estava em fase de reabilitação do acidente. A bala disparada pelo assaltante atravessou meu pescoço e passou próximo à coluna espinhal. A alta temperatura gerou uma lesão na medula, que paralisou minha musculatura e ocasionou a perda de algumas funções abaixo dos ombros (tecnicamente denominada tetraplegia).

O processo de recuperação de um caso como esse é bastante delicado e lento. Fui obrigado a abandonar os estudos e dedicar todo o meu tempo aos diversos tipos de fisioterapia e demais procedimentos médicos necessários. Levei seis meses para voltar a sentar e um ano para poder sair do ambiente da minha casa. Foi nessa época que recebi um convite para começar a pintar. A ideia partiu de um artista, Luca Vitale, durante uma festa na casa de praia da Daniela Salim, minha amiga de infância. Ao me ver sentado na cadeira de rodas, Luca interessou-se por minha história. Aproximou-se dizendo que tinha uma forte intuição de que eu poderia me desenvolver como artista. Uma semana depois dávamos início à minha primeira aula, usando a aquarela sobre papel como técnica. A partir desse dia passei a dedicar três horas todas as tardes a essa nova empreitada, entusiasmado com as inúmeras descobertas dela decorrentes. Como minha produção artística representava a única atividade diária desprendida da fisioterapia, canalizei toda a minha energia para esse fim, e logo colhi bons frutos: após três meses, tinha em mãos sessenta trabalhos finalizados. Fui convencido pelo Luca de que valeria a pena organizar uma exposição, proposta que se espalhou rapidamente entre meus amigos. Não tardou a surgir meu primeiro patrocinador. Roberta Gabrielli, mãe do Marcio, meu amigo de infância, me visitava semanalmente e acompanhava com entusiasmo meu trabalho como pintor. Ao saber da ideia da exposição, ofereceu o salão de festas do prédio onde morava para realizar o evento.

Alguns meses depois acontecia minha primeira *vernissage*, na qual recebi mais de 700 pessoas interessadas em me prestigiar e conhecer minha produção inaugural como artista. Nessa noite, emocionado por ver tanta gente disposta a me apoiar – fato notório desde meu primeiro dia de hospitalização –, decidi que precisava devolver, de alguma forma, tudo que havia recebido de minha família, parentes, amigos e tantas outras pessoas entusiasmadas com a possibilidade de colaborar com a minha história. Nascia nesse momento a ideia de criar um projeto que representasse a minha contrapartida à sociedade.

Comecei então a divulgar para os convidados da exposição que meu próximo passo seria fundar, em São Paulo, uma escola de artes que oferecesse oportunidades de desenvolvimento a pessoas cuja história de vida envolvesse situações de exclusão. Acabei assumindo um compromisso público, que servia como referência fundamental para que eu não desistisse do projeto durante as inúmeras situações de dificuldade, incerteza e insegurança que estariam por vir.

No primeiro semestre de 1992 inaugurávamos um espaço batizado de CRM, Cursos Rodrigo Mendes. Segundo meu pneumologista, foi a forma que encontrei de obter o meu CRM (registro no Conselho Regional de Medicina, obtido por quem se forma na área). A iniciativa começou com um grupo de dez alunos com deficiência, pertencentes a comunidades de baixa renda. Para me acompanhar na condução do projeto, convidei Luca Vitale, que assumiu a posição de professor. Apesar de não termos experiência, aporte financeiro e planejamento, acreditávamos que valia a pena investir na ideia.

Passados dezoito anos, a tal escola hoje se chama Instituto Rodrigo Mendes e atua como um centro de pesquisas sobre educação inclusiva. O objetivo, nessa nova fase de nossa trajetória, é colaborar para que a rede pública de ensino brasileira tenha competência para acolher qualquer estudante, inclusive aqueles que tenham algum tipo de deficiência ou transtorno de comportamento. Até pouco tempo, essas pessoas eram sistematicamente encaminhadas para escolas especiais, o que as impedia de conviver e interagir com as demais crianças e jovens. Para isso, temos investido na produção de conhecimento e em cursos de formação continuada sobre uma educação que garanta o direito à igualdade e respeite as singularidades humanas. Acredito que as escolas capazes de desenvolver suas práticas a partir dessa visão mais contemporânea de ensino poderão oferecer uma educação de melhor qualidade para todos.

Ao longo de todos esses anos, além do meu envolvimento direto com o Instituto, tive a oportunidade de me formar em administração de empresas e atuar como consultor de negócios em diferentes indústrias. Hoje, um dos meus sonhos é produzir uma série para televisão voltada para adolescentes.

Sejam quais forem os ventos que estão por vir, acho que morreríamos felizes se conseguíssemos nos lembrar, a cada manhã, da capacidade que temos de continuar sonhando e nos transformando, desafio saudável para qualquer ser humano.

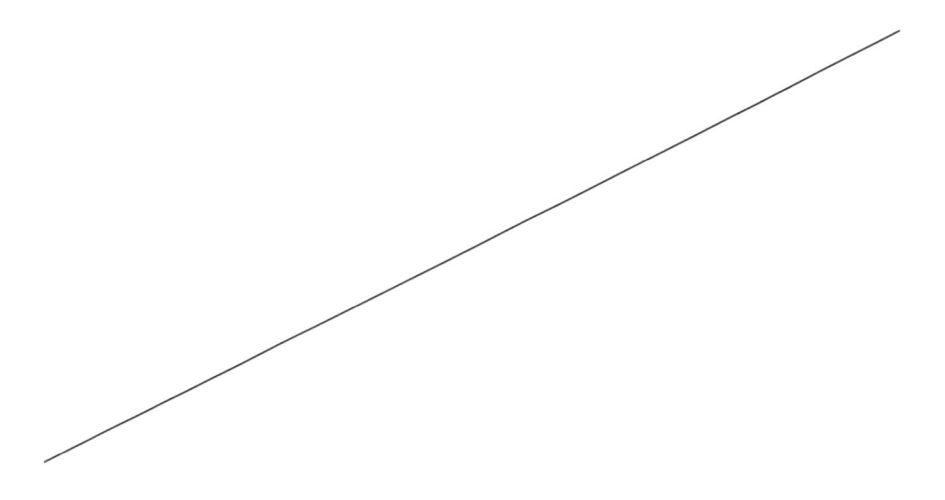

ALOISIO PELLON

POR MARTA GÓES

AVENTURAS DE ROTINA

"Vai-se vivendo", comenta Aloísio, envolto em suas lembranças, como alguém que tivesse dedicado seus dias à modorra de um balcão de farmácia ou, no máximo, a um guichê de cartório. Vai-se vivendo?! A modéstia do comentário fica piscando como um vagalume em torno da história trepidante de Aloísio. O trabalho como geólogo da Petrobrás o levou a terras longínquas, de areias escaldantes e costumes esquisitos, e o fez enfrentar guerra, bombardeios, tanques e uma fuga noturna pelo mar infestado de tubarões. Até James Bond se calaria, reverente, para ouvir a história de Aloísio, e tudo que ele concede, à guisa de avaliação, é "vai-se vivendo".

Um olhar apressado poderia supor que Aloísio não se deu conta do alcance de sua aventura, mas logo se percebe que ele sabe como seu relato é fora do comum. Contemplando a vida pelo retrovisor, ele se admira com a distância e a estranheza dos lugares que conheceu, espanta-se com os costumes. Recorda conversas improváveis, como a do desenhista Abdul, que lhe perguntava, intrigado, como era, afinal, esse negócio de namoro. Abdul, que jamais iria namorar, e teria de se resignar à noiva que seus recursos permitissem comprar, dependia do chefe brasileiro para satisfazer a curiosidade sobre as esquisitices ocidentais. Aloísio desfia seu repertório: no Iêmen, recorda, divertido, as mulheres não conheciam biquíni, nem sequer maiô – até para nadar tinham que se vestir da cabeça aos pés. E descreve a televisão ligada na sala de seu apartamento, exibindo a imagem congelada de uma rosa, sobre um fundo musical, a única programação disponível no país, naqueles dias. Nos meses que passou no Iêmen, na década de 1980, ele daria a vida por um filme, por um desenho animado que fosse, e suspirava por um sofá ocidental, onde pudesse se espichar para enfrentar o tédio das horas de lazer naquela porção do planeta.

O tom casual fica evidente sobretudo quando ele fala dos momentos de perigo, sob fogo cruzado, antes de ser resgatado em seu apartamento por um comboio da ONU. E salta aos olhos no episódio mais dramático, da fuga pelo mar, na noite escura, para alcançar o iate de Sua Majestade, fundeado longe da praia. Nas situações em que a maioria das pessoas se permitiria um rufar de tambores ou, no mínimo, uma lágrima furtiva, Aloísio prefere o humor. "A essa hora da noite os tubarões estão dormindo", ele garantiu, durante a fuga, em plena arrebentação, a uma menina assustada. E sobre a dificuldade desesperadora de subir no bote com os jeans encharcados a lhe travar os movimentos, ele não hesita em se fazer ridículo: içado da água por dois marinheiros parrudos, diz que "parecia um saco de batatas" ao desabar no fundo da embarcação.

Sim, havia adrenalina na vida daqueles brasileiros que iam perfurar poços de gás e de petróleo no exterior, ele admite. E reconhece que não saberia viver sem isso, numa rotina pacata. Mas cuida de eliminar das histórias que conta qualquer traço de heroísmo. "Nem tudo é drama na guerra", garante, casual. Severidade? Modéstia? A maneira como enfrentamos os desafios nos define, mas o modo como contamos o que vivemos também é muito revelador da atitude e do caráter. O jeito sóbrio de Aloísio permite vislumbrar uma daquelas pessoas que não necessitam de aplauso, porque encontram a recompensa dentro de si e na própria vida. Isso também é, mais do que um desafio, uma vitória e tanto. Mas, claro, ele não iria se gabar.

Marta Góes é dramaturga, escritora e jornalista.

ALOISIO

NASCEU EM 1959,
NO RIO DE JANEIRO, RJ

"VIRAMOS MESTRES EM GUERRA.
ELA FAZIA PARTE DO NOSSO COTIDIANO."

DEPOIMENTO AO MUSEU DA
PESSOA EM 23/03/2007

Dizem que para ser geólogo é preciso ter espírito de aventura. E é verdade. Eu me lembro de a gente fugindo, tentando sair da cidade bombardeada pelo mar. O Iêmen estava em guerra civil. Éramos nove funcionários e dezesseis esposas e crianças. Quando entrávamos na água, a menina de 10 anos que eu carregava nos ombros falou: "Minha mãe nunca me deixa entrar aqui nessa praia porque aqui tem muito tubarão!" Aí eu disse pra ela... Eu acho melhor contar essa história desde o começo.

Estudei quatro anos de Geologia no Rio de Janeiro, lá na universidade federal, na Ilha do Fundão. No final do quarto ano, a Petrobras fez um concurso, dando uma bolsa para a gente estudar o quinto ano em Salvador. A partir da formatura, éramos imediatamente contratados. E foi assim que eu entrei na Petrobras, em 1982.

Pois bem. É importante lembrar que, nos anos 70, as maiores descobertas de petróleo no mundo foram feitas pela Braspetro, no Iraque. Eram os campos de Majnoon e Nahr Umr. Alguns poucos anos depois, o governo iraquiano tomou essa concessão da Braspetro, pagou 300 e poucos milhões de dólares e assinou com a gente um contrato de assistência técnica. Logo depois da assinatura estourou a guerra entre Irã e Iraque. Tínhamos umas 150 pessoas em Basrah, bem na fronteira. Eles tiveram de ser evacuados. Depois do início da guerra, ainda havia trabalhos a serem feitos para a assistência técnica. O meu trabalho era mapear um dos horizontes produtores do campo de Majnoon – mas trabalhando no Rio de Janeiro. Depois comecei a trabalhar com a Líbia e com o Iêmen.

Acabei sendo mandado para lá. O Iêmen, hoje, é muito diferente do que conheci, que era um país árabe e comunista, com um sistema bem rígido. Havia três bases militares – uma russa, outra norte-americana e uma terceira francesa, em Djibuti, que controlava a entrada do Mar Vermelho. Era um país pobre, muito pobre. Havia o Iêmen do Sul e o Iêmen do Norte; uma república era islâmica e a outra era comunista. Antagônicas, claro, com grande tensão. E não havia produção de petróleo, a principal riqueza do país era a pesca; mas tinha uma refinaria.

A VIDA NA NOSSA SUCURSAL NÃO ERA FÁCIL. FAZIA UM CALOR TREMENDO, HAVIA APARELHO DE AR-CONDICIONADO ATÉ NA COZINHA.

Das 10h às 14h era simplesmente impossível aguentar o calor. Eu era recém-casado, e ela estava lá, trabalhando também. A temperatura ficava na faixa entre 40 °C e 47 °C. Tinha praia, mas era uma "praia de inverno". No calor, não dava para entrar na água. A pessoa ficava sujeita a uma insolação. Era curioso, pois não estavam acostumados com mulheres de maiô e biquíni.

As mulheres entravam na praia com roupa e tudo. Havia pouquíssimos estrangeiros. E não tínhamos o que fazer depois do trabalho. Não havia programas na televisão. Teatro e shows, esqueça. Fui para lá em 84, a guerra foi no início de 86. Era uma época pré-TV a cabo, pré-internet, pré-tudo! Ligava a televisão e aparecia a fotografia de uma rosa! Uma rosa, parada, de manhã até às oito da noite. A rosa e uma música árabe tocando. Então, às oito, entrava um jornal. Era o único programa em inglês, um noticiário internacional, só que voltado ao sudeste asiático. As matérias sobre o ocidente só chegavam até o Marrocos. Tínhamos saudade até de sofá. Era uma coisa interessante, só quem morou no Iêmen sabe. A minha casa não era confortável, pois não havia móveis para comprar. Os móveis eram do Estado, horrorosos. Aí, de vez em quando, a gente ficava: "Pô, mas um sofá bom dá uma saudade..."

O Iêmen foi colônia inglesa, e se tornou independente em 67. O pessoal mais velho falava inglês. Com os mais novos a comunicação era complicada. Língua e cultura... Vou contar do Abdul. Certa vez, contratei um desenhista. Chamava-se Abdul Gaful. Seis meses depois, ele já tinha mais confiança comigo. E ele me disse assim: "Como é namorar? Como é esse negócio de namorar?" Eu tentei explicar: "Você conhece a moça, leva para jantar, ao cinema, dá uns beijos". Ele ficava maravilhado! "Mas como se faz para dar um beijo? Aqui não tem nada disso, é só juntar dinheiro para pagar o dote. E se a pessoa é pobre, não vai conseguir uma esposa das mais formosas. Mas o que é pegar na mão? Como é abraçar?!" Um negócio de louco, uma cultura completamente diferente.

E depois da guerra voltei lá. A minha sorte é que sou muito alto, porque os caras voaram em cima para me beijar, porque eu estava vivo! Muitos estrangeiros haviam morrido. A cidade tinha 200 mil pessoas, 16 mil morreram na guerra. Voltei dois meses depois. Eles vieram me abraçar, me beijar, eu falava: "Ó, pelo amor de Deus, tudo, menos beijo".

A primeira ida para lá foi em uma missão temporária, fiquei 45 dias. Depois voltei com a minha mulher, mais uns quinze meses. Ia ficar mais dois anos, mas estourou a guerra e nós voltamos. Nós estávamos fazendo toda a parte de pré-perfuração, a parte de aquisição de dados sísmicos no deserto e depois perfuramos o primeiro poço. Foi uma descoberta subcomercial de gás; naquela época não tinha interesse... Gás e nada era a mesma coisa. E no final desse primeiro poço é que houve a guerra civil.

Quando começou, ficamos presos no nosso condomínio, que era um 'BNHzão', uns edifícios de três andares, pré-moldados, sem elevador, no meio de um areal. Presos ali por quatro dias. Todos os estrangeiros estavam indo embora, restamos nós e os palestinos. Houve ataque aéreo, combate de tanque dentro do condomínio, porque Áden é uma restinga, e os rebeldes estavam entrando e o governo resistindo; tinha uma bateria de artilharia do lado do nosso prédio que fazia tudo tremer. A situação foi piorando, piorando, até que numa noite aconteceram várias coisas, assim, pitorescas.

VIRAMOS MESTRES EM GUERRA. ELA FAZIA PARTE DO NOSSO COTIDIANO. A CADA QUATRO HORAS, BOMBARDEIO CERRADO. AÍ VINHA UMA PAUSA; DUAS, TRÊS HORAS DEPOIS, TUDO DE NOVO.

O horário era em função da guerra. Bomba por quatro horas, ficava todo mundo deitado. Os apartamentos foram atingidos. Não tinha abrigo, não tinha embaixada do Brasil em Áden, não tinha um telefone em casa.

Uma tarde, saímos do apartamento com um comboio da ONU, sem saber para onde estavam nos levando. A única coisa que consegui pegar foi uma garrafa de água e, sem passaporte, sem dinheiro, fomos parar na embaixada russa. Ela ficava na beira dessa praia de que falei antes, e a gente lá, com mais de mil estrangeiros. Ali vimos um pessoal francês indo para o outro canto da praia, tudo escuro. Resolvemos segui-los. Havia um soldado inglês e conversamos com ele; era do Britânia, o iate da rainha, que estava indo para a Austrália e foi desviado para retirar os ingleses dali. Eu disse: "Nós somos sócios da British Petroleum, somos brasileiros da Petrobras". Aí ele fez contato com o navio, que deu permissão para saírmos também. Eram nove funcionários, as esposas e crianças. Então fizeram uma fila, de mãos dadas. Entramos no mar, um soldado na frente, outro atrás. Eu não tinha filho na época. Me lembro de que nós só tomávamos banho nas praias da baía, ocupadas pela guerra. Naquela parte ali de fora, mar aberto, tinha muito tubarão. E nós naquele mar. A menina que eu levava nas costas falou: "A minha mãe não me deixa entrar aqui porque tem muito tubarão". Eu respondi: "Mas minha filha, já é meia-noite e meia, se tem tubarão, ele está dormindo há muito tempo". Só então ela se acalmou. Começou a vir onda, passamos a arrebentação, os soldados começaram a jogar as mulheres para o bote. E cadê que eu subia? Estava de jeans, escorregava. Vieram dois soldados, dois armários de uns 2 metros de altura. Eles me pegaram e me jogaram que nem saco de batata. Caí em cima do pessoal, todo molhado, assustado. É assim, na guerra nem tudo é drama.

DO BOTE VÍAMOS ÁDEN PEGANDO FOGO, O INCÊNDIO DO BOMBARDEIO. AÍ O SOLDADO DISSE, NAQUELE INGLÊS BEM BRITÂNICO: "PODEM FICAR CALMOS, DE AGORA EM DIANTE ESTÃO SOB A GUARDA DA MARINHA REAL". HOJE EU JÁ ACHO ENGRAÇADO. SÓ FALTOU UMA MÚSICA TOCANDO DE FUNDO.

Durante uma semana ninguém sabia o que estava acontecendo conosco. Fomos para a Somália Francesa. A Petrobras entrou em contato com uma empresa que havia prestado serviço para a gente no Iraque e tinha escritório no país onde estávamos. Mas ali estava apinhado de refugiados do Iêmen, e não havia hotel. Eram 25 pessoas, criança à beça, mulheres, sem roupa, sem nada. Essa empresa fez uma coleta de roupa e ficamos hospedados num prostíbulo durante quatro dias. As crianças brincavam com as moças. De noite, quando os clientes chegavam, nos recolhíamos em uma ala, para não atrapalhar o comércio. Depois invadimos um hotel... nossa, é muita história. Acabou que voltamos ao Brasil.

Não posso deixar de contar da Bolívia, trabalhei lá também. Íamos de monomotor para o campo; a gente pegava o trajeto de Santa Cruz de la Sierra para o sul, para a Argentina. Saíamos com tempo bom, e depois de umas quatro horas de voo chegávamos lá. Mas às vezes havia essas frentes frias que vêm do sul; elas sobem acompanhando os Andes numa velocidade absurda. Quando você está voando e encara uma dessas é um negócio de louco. Acontece muita turbulência na área da montanha, e às vezes não se vê nem o topo delas, o piloto tem de achar um buraco na nuvem pra poder sair... Então aquilo ali era um desespero. Eu me lembro de uma vez quando a gente estava baixando. O piloto fez uma aproximação para pousar, era uma pista de grama mínima; ele conseguiu, deu a volta, ia pousar, quando passou uma porca com cinco filhotes, e ele teve que arremeter e sair. Uma porca e cinco porquinhos! Olha...! Outra vez, estávamos também em um monomotor, olhava para baixo e era só montanha. Apitou o alarme de incêndio, já saindo fumaça do avião...

Mas vai se vivendo, né? Aventura faz parte do trabalho. Não consigo me imaginar atrás de uma caixa registradora ou, então, carimbando papéis. Tem que ter adrenalina. Não é possível viver sem ter adrenalina, senão você vai se lembrar do quê?

MARIA SYLVIA MATOS

POR WELLINGTON NOGUEIRA

UM LUGAR PARA MARIA SYLVIA

Eu acredito que uma história pode mudar o mundo; porque, para existir, ela precisa de personagens, atores, protagonistas... Pessoas que as vivam; e outras que as compartilhem, espalhem sua força pelos povos, direto em seus corações e mentes.

E é por isso que eu acredito que cada um de nós é como a manifestação de um pequeno milagre, porque protagonizamos histórias pelo simples fato de estarmos juntos, de vivermos o papel em branco de cada dia e, ao seu final, termos criado mais uma página, que a gente nem sabe aonde vai parar, quem vai ler ou escutar, mas que, com certeza, vai chegar aonde tem que chegar, para quem tem que chegar. Tão certo quanto um dia após o outro. Assim as histórias viajam, encontrando seus destinos nas vidas que tocam, emocionam, inspiram... Essa é a magia que as cerca. E o que mais me fascina: não existem duas histórias iguais. Ítalo Calvino, em seu livro *Se um viajante numa noite de inverno*, nos enche de esperança ao dizer que vivemos num mundo de histórias que começam e não acabam... Por isso, quando uma história chega até a gente, como a da Maria Sylvia chegou até mim, tal qual o viajante na noite de inverno, ponho minha roupa confortável, meus chinelos favoritos e sento-me em minha mais aconchegante poltrona para desligar-me de tudo e entrar de cabeça na jornada de vida de uma mulher que aprendeu, desde cedo, a buscar o calor e o brilho do Sol na face norte das casas, teve o privilégio de brincar nas ruas de São Paulo e, ao longo de sua vida, honra suas escolhas com uma objetividade impressionante; quando confrontada com o grande desafio do câncer, escolheu ser lutadora. Some-se a tudo isso sua generosidade abundante, por compartilhar conosco sua intimidade.

Quando uma doença toma o corpo e altera o ritmo da vida, passamos a entender dias bons e ruins com uma clareza imensa. Entendemos altos e baixos, tristeza e alegria, chão que some embaixo de nossos pés e norte, frio na barriga e um dia de cada vez com o corpo todo. Isso faz com que a gente olhe para muita coisa que passava batido e se repense, recolha, reconsidere, celebre, aprenda… Tudo junto numa íntima montanha-russa. Ao invés de guardar para si, Maria Sylvia nos entrega direto ao coração: toma, essa é a história que eu vivo a cada dia e que agora dou a você. Movimento de vida abrindo espaços e possibilidades.

Sem que eu esperasse, um lugar se abriu em minha vida para deixar entrar a Maria Sylvia. E assim, mais uma história que não acaba.

Wellington Nogueira é ator, palhaço e empreendedor social, fundador dos Doutores da Alegria.

SYLVIA

NASCEU EM 1952 E FALECEU EM 2011, EM SÃO PAULO, SP

"NÃO TENHO O DIREITO DE ME ENTREGAR. TENHO QUE CONTINUAR LUTANDO, TEMOS METAS NA VIDA PARA SEGUIR."

> DEPOIMENTO AO MUSEU DA PESSOA EM 04/08/2011

Nasci em São Paulo, capital, dia 9 de dezembro de 1952. Meus pais são da capital também. Na verdade, no registro diz 10 de dezembro. Dizia-se naquela época que, para toda criança que nascesse a partir de 10 de dezembro, os pais ganhariam um salário mínimo, era lei. Então, acho que ele se enganou. Não que fizesse de propósito; na hora que o papai foi registrar, registrou como dia 10. Eu já comecei dando lucro, ajudei a pagar um pouco da maternidade.

Meu avô paterno veio da Itália, era barbeiro. Meu pai e os irmãos dele já nasceram no Brasil, e a minha avó paterna também era brasileira. Do lado da mamãe, meus avós têm ascendência portuguesa, mas são todos nascidos no Brasil, em Sorocaba. O papai não teve tanto estudo, mas ele era muito inteligente. Fez Contabilidade, que na época não era um curso universitário. Por muitos anos foi funcionário do Moinho Santista, onde acabou se aposentando.

Quando nasci, eles falam que nós fomos morar na Granja Julieta, mas que era uma casa muito fria, não batia sol. Diz que o papai quase deu a casa de graça porque ele dizia que queria sol. Hoje ele tem 87 anos e quando qualquer um, algum neto, vai comprar alguma coisa, ele diz: "Olha a face, porque casa fria é uma coisa horrorosa! Tem que comprar face norte". E nós viemos pra rua João Cachoeira, que era no Itaim, e eu me lembro que a minha vida inteira eu morei na região do Itaim, Vila Nova Conceição. A gente brincava de pega-pega à noite. Não tinha medo.

Tenho um irmão cinco anos mais velho do que eu, homem, e sempre nos demos muito bem. O lado italiano da família é um pouco forte. A mamãe vem de uma época em que poucas mulheres trabalhavam fora. Eu estudava no Grupo Escolar Martim Francisco, que até hoje existe, na Vila Nova Conceição. O papai era menos rígido que ela, tinha aquele jeitão italiano, de muita superproteção. Meu irmão tinha um conjunto *a la Beatles*. E a minha garagem era o estúdio. Eu me sentia o máximo por ser irmã do cara do conjunto. A minha casa sempre foi muito cheia de jovens. O Ronnie Von, que morava na avenida Santo Amaro, foi ensaiar lá; a Rita Lee também.

A MINHA FAMÍLIA É CATÓLICA. MAS NÃO SOU UMA PESSOA ENFRONHADA NO EVANGELHO, PORQUE ACHO QUE PRA VOCÊ DISCUTIR QUALQUER COISA TEM QUE TER UM POUCO DE CONHECIMENTO. ACREDITO EM DEUS. ENTREI NO SERVIÇO SOCIAL. NÃO ME ARREPENDO NEM UM POUCO, FIZ UM CURSO LINDO DE SERVIÇO SOCIAL.

Fui ao Hospital Antonio Prudente e conheci a dona Carmem Prudente – tenho um orgulho muito grande de tê-la conhecido. E daí, queria ser voluntária do Antonio Prudente, que era o hospital do câncer. E ela também era assistente social e acabou me animando para isso. Eu tinha 18 anos.

A pessoa que for bem treinada, não precisa ter formação acadêmica fantástica, mas que tenha paciência e saiba lidar com idoso, é uma profissão que vai dar dinheiro também. Porque você não consegue encontrar pessoas que sejam companheiras do idoso. A profissão do futuro é a dos cuidadores de pessoas da terceira idade. A longevidade está indo muito para frente; as pessoas precisam de alguém junto com elas, pelas dificuldades que têm.

Fiz uma reunião na minha casa com umas primas da minha mãe, porque eu achei que a mamãe estava triste. Deu mais de 400 anos no encontro. Lógico, se a pessoa depende de tomar alimentação parenteral, tem que ter enfermeira; mas se não, o bom é o acompanhante, o cuidador, aquele que conta história, que ouve as histórias do idoso.

O meu marido é onze anos mais velho do que eu, e também vem de uma criação de muito respeito. Tenho 58, ele vai fazer 70. Conheci o meu marido numa viagem de navio. Eu tinha 27 anos; queria casar não porque queria perder a virgindade, mas porque queria ter um filho. E a virgem pura e casta só poderia ter um filho se se casasse. Casamos, logo fiquei grávida, porque o meu sonho era engravidar, ter um filho. Não vou dizer que casei a mulher mais apaixonada do mundo, mas hoje eu sou muito apaixonada pelo meu marido, pelo companheiro que ele tem sido nesses 31 anos.

Quando tive o meu primeiro câncer estava com 48 anos. Descobri no dia 11 de setembro, no dia do ataque às torres gêmeas. Estava com um febrão, nunca mais vou me esquecer do dia 11 de setembro. Estava deitada, com febre, esperando o horário para ir ao médico. E fui tratada como se tivesse pneumonia. Tratei da pneumonia, voltei a trabalhar, tive outra pneumonia. Eu tinha uma amiga que era pneumologista; ela pediu uma tomografia, deu nódulo no pulmão, pequenininho, e ela falava: "É do tamanho de um feijão". Daí, não queria enxergar, sempre gostei muito de pipoca, falei: "Será que não aspirei um milho de pipoca?" Eu comia pipoca toda noite vendo televisão.

No dia 27 de novembro, e essa data tem muito a ver com toda a minha história e a minha fé, fui fazer uma biópsia. Era uma broncoscopia, e deu que eu tinha um nódulo no pulmão direito, e que era um câncer. Daí, me mandaram para o cirurgião torácico, um espetáculo de médico, jamais vou me esquecer dele. Fui com uma lista imensa de coisas para perguntar. Quando fiz a broncoscopia, deixei o médico marcado para o mesmo dia. Mas sou muito ansiosa. No carro, abri o resultado. E disse ao meu marido: "Estou com câncer". Vi a notícia pelo exame. Na hora, as pernas balançaram. Eu disse:

"NÓS VAMOS AO MÉDICO, VOU TIRAR ISSO DE LETRA. O CÂNCER NÃO VAI ME PEGAR, EU VOU PEGAR O CÂNCER".

E fomos a esse médico. Ele foi bárbaro, me disse tudo: o risco de morte, o tamanho da cirurgia, a gravidade da cirurgia. Não sabia que o pulmão é uma coisa tão grande, não sei quantas camadas. E para você chegar ao tumor tem que abrir as camadas do pulmão. Ficaria na UTI por oito dias, corria risco de morte, uma cirurgia muito delicada. Marcamos para o dia 6 de dezembro. E meu aniversário é no dia 9 de dezembro. A cirurgia demorou 14 horas, ele tirou um lóbulo do meu pulmão e foi conversar com a minha família – ele estava querendo tirar o segundo. A gente começa a ler coisas dessa área, que um pulmão tem três lóbulos e o outro tem dois. Esse meu, com câncer, tinha três. Ele queria tirar o segundo porque estava muito na margem do primeiro e podia ter passado alguma coisinha. Por prevenção, ele já ia tirar. Graças a Deus na biópsia deu no primeiro sim, mas no segundo não deu, e deixei. Será que eu vou respirar direito?

Quando terminou a cirurgia fiquei muito feliz. Doeu muito, mas já esqueci. Durante três meses dormi de barriga para cima, o corte é muito profundo. Foi difícil? Foi. Mas tive outros momentos. E tem gente que passa por coisas muito piores do que isso. Tive uma recuperação razoavelmente boa, superou minhas expectativas. Na ocasião nós estávamos vivendo um momento financeiro não dos melhores, a mamãe botou uma enfermeira pra me ajudar, porque tinha aquelas coisas que eles chamam de cachorrinho, que é dreno. E meu marido vê sangue e desmaia. Fiquei dezessete dias no Hospital São Luiz.

Esse médico se chama Eduardo Werebe. É judeu, de uma humanidade tremenda. Depois saiu do meu convênio e até hoje ele não me cobra uma consulta. Tornou-se amigo pessoal. E me indicou onde faço tratamento até hoje, o Centro Paulista de Oncologia. Um ano e meio depois, fazendo exames de rotina, descobri um nódulo na mama direita.

Como pegou em 2001, no final, eu falo assim: "2001, 2003, 2005, 2007, 2009". Em 2003 descobri esse câncer na mama. Fui atendida novamente no São Luiz. Tenho três moradias: a minha, em São Paulo, a de Socorro, e o São Luiz do Morumbi, porque semana sim e outra também, ultimamente, passo pelo São Luiz, porque ando com a saúde fragilizada. Fiz a retirada da mama. Doloridinho também. Um dia antes da operação, eles deixavam delimitado no peito onde era. Então, na hora da cirurgia, ia ao "chefe" dos gânglios. Se o chefe estivesse contaminado, tinha que fazer o esvaziamento da axila. Fui aprendendo isso por conta da doença, então não precisei fazer quimioterapia. Tirei a mama toda, tirei o bico, a auréola, a mama. E eles me convenceram que eu tinha que fazer a reconstrução da mama. Eu falei:

"GENTE, EU NÃO SOU VAIDOSA". FIZ DUAS CESARIANAS, E A PROPOSTA ERA TIRAR A GORDURA DA BARRIGA E COLOCAR NO PEITO. ACABEI FAZENDO, MAS NÃO FIZ BICO NEM AURÉOLA, MAS FIZ NA HORA. ENTÃO, TALVEZ SEJA ISSO QUE ENCAREI BEM. E TEM TANTA MULHER QUE ENCARA TÃO MAL A HISTÓRIA DE TIRAR O PEITO...

Já saí com o meu peito feito. Na hora que terminou a cirurgia eles fizeram a reconstrução da minha mama. Uma cirurgia de 16 horas, entre tirar e colocar. Naqueles dias estava no auge a história do Zagallo, "vocês vão ter que me engolir". Quando cheguei ao quarto, a família inteira esperando, eu falei: "Vocês pensam que foi dessa vez? Vocês ainda vão ter que me engolir". E fiz a cirurgia. Não fiz quimioterapia. Mas deveria consultar outro médico? Tive no pulmão, não fiz quimioterapia, vai ver por isso tive na mama. E pelo oncologista eram considerados dois cânceres primários, não tinha nada a ver o do pulmão com o da mama. Passei por uma hormonoterapia. Quase todas as mulheres que tiram a mama, depois da quimio, tomam essa medicação durante cinco anos. Um ano e meio depois tive câncer na outra mama. Eu falei, "caramba, está começando...". Ah, e não contei uma coisa engraçadinha, posso contar?

Quando fui operada do pulmão, tinha um cargo importante na prefeitura, era assistente da Alda Marco Antônio, que hoje é vice-prefeita, mas não a conhecia. Ela me convidou porque eu era funcionária de carreira. O Hospital São Luiz não tem maternidade no Morumbi, e era tanta flor que eu recebia no hospital, que dava volta no corredor. Agora, na última internação, nem uma rosinha eu recebi, porque o pessoal já não aguenta mais me ver no hospital. Então, aquela vez foi uma novidade, o hospital se encheu de flores, o pessoal mandava levar embora pra casa, de tanta flor que tinha. E acho que o povo estava achando que eu ia morrer, né? Mas sou osso duro de roer.

Muita gente me ajuda nessa luta de ser guerreira. A pergunta mais comum para quem tem câncer é esta: "O que mudou em sua vida depois que teve câncer?" Geralmente a pessoa fala assim: "Eu melhorei, fui melhor para os outros, ajudei mais pessoas, revi minha vida". Para mim, hoje, neste último câncer que estou, é ser mais humilde. Viver uma vida legal eu sempre vivi, ter amigos sempre tive, mas depender dos outros como agora comecei a depender, para mim está sendo muito triste. Não conseguir subir uma escada porque estou com metástase óssea, metástase no fígado, que é gerado pela segunda mama, que foi outro câncer primário. Então, tive um carcenoide, um carcinoma ductal, um carcinoma lobular. As metástases vêm desse, que correu pelo gânglio sentinela. Eu tive que fazer esvaziamento da axila e daí ele correu. Ele pegou, sempre a cada dois anos, ossos, fígado e agora a meninge.

São cinco cânceres. E olha, sou abençoada. Dor nos ossos é raro que eu tenha, porque quem tem câncer nos ossos diz que é uma coisa pavorosa. Eu não vou dizer que eu nunca tenho, mas nada ainda que um corticoide, um Lisador, não resolva. Então eu tenho em toda a bacia, em toda a coluna, no ombro, no joelho e no ilíaco, na parte óssea. Estou com um nódulo no fígado de quatro centímetros. E esse ano descobri o da meninge, que pensei que era no cérebro. Daí, foi a hora que caí um pouquinho, "agora não dá mais". Os médicos acabaram ficando muito amigos; estou cheia de médicos amigos. Agora, dessa vez caí porque uma médica bárbara, amiga, havia me falado: "Enquanto não for no fígado está bom". Daí, pegou no fígado. "Agora o fígado está superado, o negócio é se pegar a cabeça". E quando falaram da meninge, eu falei: "Agora estou ferrada!"

Não estou com a boca torta, mas parte de mim está paralisada. Graças a Deus não paralisou o nariz, porque consigo respirar.

Pois bem: venho lutando com ele há dez anos. Ele querendo me pegar e eu tentando dar uma driblada no bichinho aí. Nesse período tive infecção generalizada e choque anafilático, sobrevivi às duas coisas. A médica da UTI do São Luiz disse assim: "Não sabia de quem cuidava primeiro, de você ou do seu médico". Porque ele foi na ambulância comigo e chegou muito mal, porque para esses médicos não deve ser fácil ter um paciente que eles acompanham e ver as coisas acontecendo.

Este ano achei, pela primeira vez, que as minhas forças estavam acabando. Não estou mais com a mesma força para ajudar as pessoas. Mas a vida é tão linda, a vida é tão bonita, não tenho o direito de me entregar. Tenho que continuar lutando, temos metas na vida para seguir. A-do-ro meu Roberto Carlos, tenho disco e vitrola lá em Socorro. Coloco meu disco e fico olhando meus passarinhos lá, as minhas plantinhas, me trazem uma energia maravilhosa quando posso ir lá.

Mandei uma cartinha para a minha neta, escrevi que a vida é linda e que ela viva essa vida intensamente, que ela tenha pelos pais dela o mesmo amor que nós tivemos por ela, que ela os respeite muito, porque ela também foi muito bem-vinda neste mundo, ela foi muito bem amada durante a gravidez pela mãe e o pai dela, e que ela conte com eles como os melhores amigos que ela pode ter, mas que ela deixe um lugar no coraçãozinho dela para a avó dela, porque a avó dela também a ama muito.

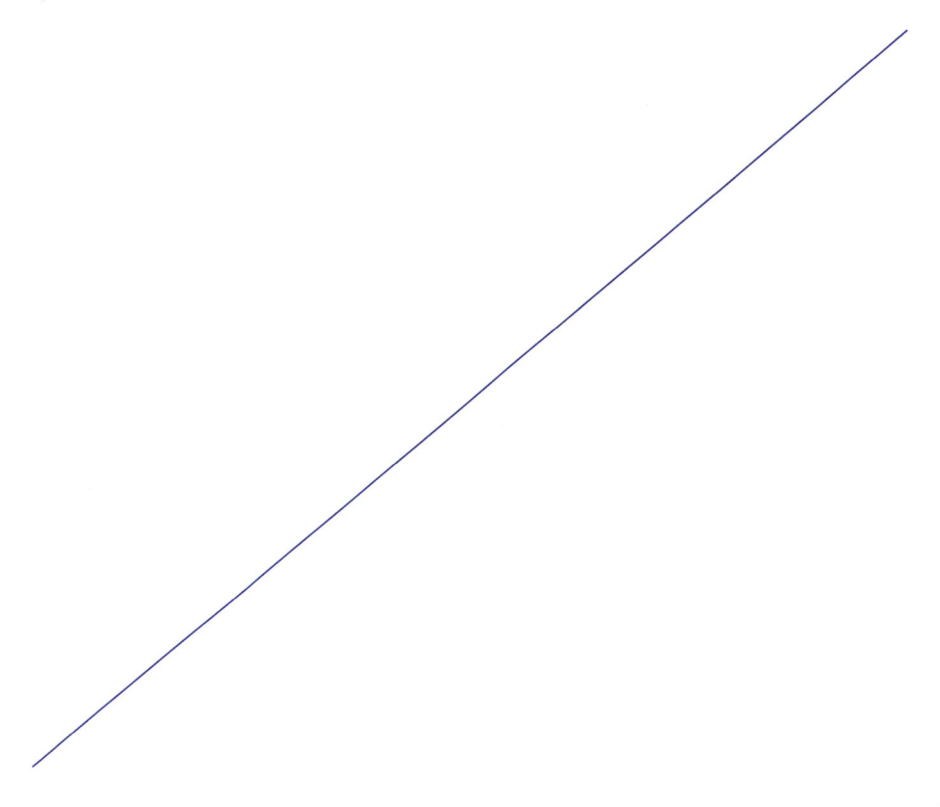

GERALDO PRADO

POR PAUL THOMPSON

INQUIETUDES DO CONHECIMENTO

Esta é, de fato, uma história extraordinária; um exemplo brilhante do talento que há em tantas "pessoas comuns", que raramente vem à tona, mas que na vida de Geraldo floresceu de forma tão insesperada. Trata-se um homen nascido em 1940 na Bahia, criado no agreste, filho de pais analfabetos e cuja vida consistia no trabalho na roça e na tarefa de ordenhar a vaca que pertencia à sua família. Apesar de nunca sequer ter visto uma pequena biblioteca, ele conseguiu se formar em uma unversidade e se tornar doutor, e hoje oferece treinamento para professores de leitura, criou e administra a maior biblioteca rural do Brasil, com um acervo de mais de 100 mil livros.

Ele conta sua própria história com uma surpreendente naturalidade. Ele não se coloca como um exemplo moral de como o trabalho duro tem sua recompensa, ou de como seus talentos natos, mais dia, menos dia, iam se fazer evidentes. Tampouco fornece muita informação sobre como ocorreu essa transformação no percurso de sua vida. A única pista que temos é que, com 20 anos de idade, quando havia se mudado para a cidade e estava trabalhando como porteiro noturno, ele sonhava em ser médico: assim podemos ver que tinha lá alguma ambição pessoal.

Geraldo também nos fala pouco sobre sua vida sentimental. Como ele encontrou a coragem de buscar um destino diferente daquele que aparentemente tinha sido reservado para ele? Quem foi que lhe deu a autoconfiança necessária? Como era seu relacionamento com seus pais? Seu casamento de nove anos com Tine, sua esposa dinamarquesa, teve alguma coisa a ver com a história?

É impressionante como seu percurso nunca seguiu em linha reta. Abandonou a escola relativamente cedo, com o segundo grau incompleto, e na adolescência tentou administrar um pequeno comércio, mas fracassou. Depois do trabalho como porteiro noturno, conseguiu emprego em uma corretora de seguros e tentou ingressar em uma faculdade de Medicina, mas foi rejeitado. Em seguida voltou ao trabalho braçal como operário na cidade de São Paulo. Essa mudança o levou a se envolver com o movimento político trabalhista, mas foi demitido em 1967 por suas atividades políticas. Durante os cinco anos seguintes, ele viveu na semiclandestinidade, e finalmente retornou à Bahia, seu estado natal. Depois disso mudou-se bastante de um lugar para outro, passando por Rio, Brasília e Recife, trabalhando e estudando.

Como foi, afinal, que esse fascínio pelos livros começou? Geraldo frequentava uma típica escola rural, onde as crianças eram disciplinadas duramente. Ele descreve sua própria irmã como uma professora brutal, portando sempre uma vara para castigar qualquer ato infeliz ou falta de atenção. Porém, havia uma professora na escola do Geraldo que era diferente. Parece que ela tinha um pouco mais de cultura e, em um ato crucial, deu a Geraldo seu primeiro livro. Esse talvez tenha sido o ponto em que a vida desse homem começou a mudar.

Alguns anos mais tarde, quando Geraldo trabalhava em seu primeiro emprego não braçal, em uma corretora de seguros, começou a comprar livros. Ele não revela o motivo, mas continuou comprando mais e mais livros e, até o início dos anos 70 "esse hábito havia se tornado um problema, me obrigando a mudar de casa. Tinha mais de 20 mil livros em minha casa: debaixo da cama, em cima da mesa".

Quando ele voltou à Bahia, em 1972, teve, pela primeira vez, uma visão do lugar para onde podia estar caminhando. "A primeira vez que vi uma biblioteca foi na cidade de Salvador... Foi um choque ver tantos livros juntos em um único local." Mesmo assim, passaram-se mais trinta anos antes de ele começar a realizar o sonho de criar sua própria e gigantesca biblioteca pública.

A história do Geraldo é um relato fascinante sobre a jornada de um homem através das regiões contrastantes do Brasil e do tempo, envolvendo dramáticas mudanças políticas e sociais. A leitura também me serviu de inspiração: Geraldo é um símbolo do potencial criativo que há nos menos privilegiados membros das nossas sociedades.

Paul Thompson é professor da Universidade de Essex, um dos pioneiros mundiais no uso e na reflexão sobre a história oral.

GERALDO

NASCEU EM 1940,
NA ZONA RURAL DE
SÃO JOSÉ DO PAIAIÁ, BAHIA

"PAREI EM FRENTE À BIBLIOTECA. FOI UM CHOQUE VER TANTOS LIVROS JUNTOS EM UM LUGAR SÓ."

DEPOIMENTO AO MUSEU DA PESSOA EM 16/07/2009

Quando eu concluí o primário já tinha 13 anos. Foi lá no povoado de São José do Paiaiá; eu andava três quilômetros a pé para chegar lá. No dia da formatura, declamei uma poesia do Olavo Bilac, "Oração à bandeira". E outra que eu gostava era "Essa negra fulô", do Jorge de Lima. Estava presente o delegado de ensino, que era analfabeto. Era analfabeto e delegado de ensino. Chamava-se Joaquim e tinha apelido de Joaquim de Quiabinho. Ganhei dele, de presente, um cacho de bananas. E ganhei um livro também, o primeiro livro que ganhei na vida, *À sombra do arco-íris*, do Malba Tahan. Uma série de fragmentos de histórias árabes. Eu achava que ele era um árabe, só depois descobri que era brasileiro, se chamava Júlio César e era professor do Colégio Pedro II, no Rio.

Mas depois disso, voltei pra roça. Na verdade, com 7, 8 anos, estava plantando, tangendo boi, apartando vaca, tirando leite. Levantava às cinco da manhã. À tarde botava vacas e cabras no chiqueiro. Carregava os cereais da roça pra casa, pegava os bois pra encangar no carro de boi – o feijão era carregado nele. Todos trabalhavam; éramos cinco: Manuel, João, José, Rita e eu. A Rita era poupada, não gostava de trabalhar na roça. Fez o curso primário na escola do povoado, depois foi professora primária. Ela tinha uma escolinha de alfabetização. Eu e vários colegas da região fomos alfabetizados pela minha irmã. Só depois é que fui para a escola do Paiaiá.

Meus irmãos mais velhos não gostavam de escola; meu pai também nunca gostou de escola, era analfabeto. Quem mais gostava de estudar era eu. Minha irmã era bastante rígida, usava palmatória, régua. A tabuada a gente estudava cantando, e somava mentalmente assim: "dois e um, três; dois e dois, quatro". Mas cantando, com ritmo. Era mais ou menos o *rap* de hoje: "dois e um, três; dois e dois, quatro"; e vai... "dois e seis, oito; dois e sete, nove. Noves fora, nada!" E aí tinha como se fosse um coro, tinha uns vinte cantando. Vinha a lição, tinha a sabatina, quem errava levava bolo de quem acertava. Com a palmatória. Cheguei a dar doze bolos numa menina que foi fazer a sabatina comigo. Criança não tem tanta força, mas quando era a professora, no caso, a minha irmã, que pegava pra dar bolo... aquilo estalava! A palmatória é de madeira, um cabo e um furo no meio. Aquele furo puxa o ar da mão, e dói.

Eu me lembro que minha tia hospedava as professoras que vinham de fora. Veio uma professora recém-formada, de Juazeiro, lecionar lá na escolinha. Ela era novinha, 19, 20 anos, Maria Ivete Dias Ferreira, mãe da cantora Ivete Sangalo. Ela me deu um livro, o segundo livro que tive. Não foi minha professora, mas notou que eu gostava de ler e me deu um livro que foi minha paixão. Do Olavo Bilac, *Através do Brasil*. Eu lia, parecia que estava viajando. Tenho esse livro até hoje.

E continuava trabalhando, ajudava minha tia Maria numa lojinha que ela tinha no Paiaiá. Esse foi meu primeiro emprego. Trabalhei em outra loja, como caixeiro. Depois, me levaram pra Salvador pra ver se me botavam no Convento dos Capuchinhos, mas não deu certo. Voltei pro Paiaiá. Com uns 15 anos, a tia Isaura decidiu abrir uma vendinha pra mim. Sou péssimo comerciante. O pessoal não pagava, quebrei. Havia o Instituto Universal Brasileiro. Resolvi fazer um curso de rádio por correspondência. Quando montei o rádio, sobraram peças. Tentei fazer o antigo ginásio, também por correspondência. Estudei um pouco, mas também não deu certo.

Aí aconteceu uma grande mudança. A Rita, minha irmã, se casou e foi para São Paulo. Decidi ir também. Meu cunhado era zelador de prédio na rua Santa Ifigênia, no centro, e fui trabalhar com ele de porteiro e faxineiro. Comecei a estudar. Isso era 1958, 1959, eu tinha 18, 19 anos. A viagem não foi fácil: doze dias num caminhão pau-de-arara. Era um caminhão Chevrolet, cabine e carroceria azuis. Vim com meu tio Quinha e o motorista, que era amigo nosso. Havia bancos de madeira, sem almofada. O caminhão parava, dormíamos em redes ou na esteira. Não tinha banho todos os dias. Tomei um banho em Vitória da Conquista, depois outro em Governador Valadares, uns quatro dias sem banho. E muita chuva, muita lama. Só tinha asfalto do Rio pra São Paulo. Na Bahia e em Minas era tudo barro.

FIQUEI ATÉ 21 ANOS COMO FAXINEIRO. NÃO TINHA CARTEIRA ASSINADA E DETESTAVA FAZER FAXINA. À NOITE, ERA PORTEIRO. E À TARDE FUI FAZER CURSOS: CURSO DE AUXILIAR DE ESCRITÓRIO, POR EXEMPLO.

O professor andava de cadeira de rodas, e dava curso de tudo: arte e culinária, auxiliar de escritório, inglês, francês, alemão, latim.

Arrumei emprego em uma companhia de seguros, minha primeira carteira assinada. Comecei a comprar livros. Passei a frequentar livrarias e sebos. O primeiro livro que comprei foi uma gramática de latim, do Napoleão Mendes de Almeida, nem imagino por quê. Comecei a fazer o curso de Madureza Ginasial.

E teve namoro. Namorei a Nairzinha mais por interesse, porque eu gostava muito de cinema. A avó dela trabalhava no Cinema Rio Branco e gostava muito de mim. Aí ela deu uma permanente pra gente entrar nos cinemas da rede. E ia com a Nairzinha aos cinemas, assistia a muitos filmes. E namorava também.

Meu sonho era ser médico. Eu estava com 20 anos, não tinha nem o ginásio. O tempo passava, eu estudava, consegui fazer o colegial. E falei: "Vou fazer vestibular pra Medicina". Trabalhava na fábrica, em Osasco, levantava às quatro pra pegar o ônibus no viaduto Maria Paula. E ia até quatro da tarde. Depois ia estudar. Era 1964. Inscrevi-me no vestibular de Medicina da USP, não passei.

Militava na política operária. Ia todos os sábados à biblioteca Mário de Andrade discutir e ler política. Depois fui do Partido Socialista. Fiz até um curso de chinês. Não passei na medicina, mas prestei vestibular em Línguas Orientais na USP: português e chinês. Eram trinta vagas e só tinha eu de candidato, entrei no primeiro e no último lugar. Só que a aula de chinês era em inglês, na rua Maria Antônia. Não sabia inglês. Ou seja, não aprendi inglês, muito menos chinês.

Participava de tudo, política estudantil, operária, sindical, lutando contra a direita. Em 67 fui mandado embora da fábrica por questões políticas. Aí tentei e passei no vestibular pra História, na USP.

Essa participação política me levou a três prisões pequenas e uma dolorosa. Resolvi ficar na semiclandestinidade. Era 1966, 67. A primeira prisão foi em uma passeata. E em 1968, morava no Crusp – Conjunto Residencial da USP –, e vem o Congresso da

UNE em Ibiúna. Mas não fui preso em Ibiúna... As lideranças do movimento estudantil (UNE e UEE) me levaram como um baiano acostumado a pegar no pesado, e ajudei a fazer a terraplenagem do local do encontro. Só isso. Assim foi a minha participação no Congresso da UNE.

Em 68 fui preso novamente, levado para a Casa de Detenção Tiradentes. Saí logo depois do Ano Novo e resolvi ir pra Bahia. A barra em Salvador era mais leve, Tropicália e tal. Fiquei lá 69 e 70, em 71 voltei. Em março de 72 fui preso pela Oban, a Operação Bandeirantes. Estava assistindo às aulas, a Oban bateu no prédio da História, na Cidade Universitária da USP, onde eu estudava, e mandou mostrar quem eu era, entraram aqueles caras com metralhadora até os dentes. Tentei escapar, me pegaram, me algemaram. Ficou um de cada lado, com metralhadora, dizendo que iam me jogar no rio Pinheiros. Rodaram umas duas horas, e me vendaram. Depois me botaram numa cela, fiquei uns três dias. No sábado à tarde me liberaram; eu chego ao portão estavam o Coronel Ustra e o Romeu Tuma. O Romeu deu dinheiro pra passagem, joguei pra trás: **"NÃO PEGO DINHEIRO DE TORTURADOR". MANDOU ME RECOLHER DE NOVO, MAS NO DIA SEGUINTE ME LIBERARAM.**

Terminei o curso de História. Morava na Vila Madalena. Nos domingos de tarde a gente ia estudar no cemitério, que era ao lado. E no final ainda dava para tomar umas cachacinhas. Apareceram umas aulas em Pariquera-Açu, no Vale do Ribeira, litoral sul de São Paulo. Fiquei lá uns três anos. Fui a um congresso em São Paulo, conheci o médico Sérgio Arouca, que me chamou para trabalhar no Rio de Janeiro. Claro que fui. E fiquei. Fiz mestrado em Desenvolvimento Agrícola, na Fundação Getúlio Vargas do Rio, depois morei em Brasília, trabalhando no CNPq, e em seguida fui morar em Recife. Conheci uma dinamarquesa, a Tine, em Olinda; ficamos casados nove anos. Nos casamos no Paiaiá, a família dela veio ao casamento.

Voltei com a Tine pro Rio, participei da criação do Museu de Astronomia e Ciências Afins – Mast, de lá fui para o Instituto Brasileiro de Informação em C&T – IBICT, que tinha um convênio com a UFRJ, e virei professor da pós-graduação em Ciência da Informação. Fiz meu doutorado, também em Ciências Sociais. Depois eu e a Tine nos separamos, mas somos amigos.

Já falei de muita coisa, mas agora quero mesmo é falar de livros, da minha paixão pelos livros, e pela biblioteca Maria das Neves Prado. A primeira vez que vi uma biblioteca foi em Salvador; depois vim conhecer aquele "monstro" que é a biblioteca Mário de Andrade, no centro de São Paulo. Em Salvador era a biblioteca do Colégio Central da Bahia. Fui com o meu tio, que foi matricular o filho dele. Enquanto ele conversava na secretaria parei em frente à biblioteca. Foi um choque ver tantos livros juntos em um lugar só... Desde o meu primeiro emprego em São Paulo compro livros. Muitos. Era um problema sério quando tinha que mudar de cidade. Havia uns 20 mil livros em casa: embaixo da cama, em cima da mesa.

Em 2001, meu irmão tinha morrido no Paiaiá e fui visitar a família. Lá encontrei um sobrinho, José Arivaldo, com 16 anos. Ele tinha interesse em mexer com livros, havia me pedido alguns. Perguntei a ele:

"E SE A GENTE CRIASSE UMA BIBLIOTECA AQUI?" "AH, EU ACHO BOM. EU TOPARIA."

Aí tudo começou. Uma prima tinha uma garagem e me alugou por 50 reais. Chamei o pessoal da comunidade, expliquei o objetivo. Consegui o caminhão de um amigo de infância, o Zé do Bode. Ele passou no Rio, levou 12 mil livros na primeira leva. E meu sobrinho agitava, fazendo festa e bingo para arrecadar dinheiro. Mas tem um fato engraçado: na noite anterior à chegada dos livros, o Jornal Nacional deu a notícia de que os livros da biblioteca do Itamaraty, no Rio, tinham sido roubados. Uma senhora lá começou a dizer que os livros do Geraldo eram os livros roubados, que tinha que chamar a polícia. Muitas pessoas mais velhas acharam que eram roubados mesmo. Como um filho de lá ia juntar tantos livros?! A ideia é que quem sai de lá compra carro, apartamento, fazenda. Mas livros?!

Hoje há 100 mil livros no povoado. Ganhei de alunos, de professores amigos, de bibliotecárias, da PUC/RJ, UFRJ (faculdades de Economia, Educação, Medicina, Letras e o Colégio de Aplicação), Colégio D. Pedro II, Biblioteca Nacional, USP, UFBA, Ufal, e dos professores Antonio Candido de Mello e Souza, Walnice Nogueira Galvão, João José Reis, Francisco Foot Hardman, Paulo Décio de Arruda Mello, Aldo Barreto, a família do bibliófilo José Mindlin e muitos outros mais.

Na segunda leva foram 16 mil livros. A Itapemirim os levou. Na primeira leva eram somente clássicos: história, literatura, romances, sociologia. Depois, paradidáticos, didáticos e livros infantis. Comprei muita coisa de gibi porque a molecada adora. Acho que há uns 5 mil gibis.

E aí transformamos a biblioteca numa Oscip, tudo direitinho. O público aumentava, as escolas não tinham os livros atualizados. Alguns alunos, que tinham acabado de fazer o ensino médio, começaram a estudar ali, se preparando para o vestibular em Salvador e Aracaju. Hoje estão formados.

Mas via que o livro sozinho não tinha importância. Então começamos a trabalhar com leitura, depois com mediadores de leitura e capacitação de professores do ensino fundamental e médio das escolas rurais. E capacitamos 86 professores. E foi vindo mais apoio, resolvi comprar uma casa. Vi uma casa que estava à venda e tinha pertencido a um parente. Comprei-a por 2 mil reais, em 2004. Mas não cabia. Comprei a casa vizinha, mas continuou não cabendo. E resolvi fazer três andares atrás. Criei o Paiaiá Empire State! É o prédio mais alto do lugar – e ainda continua faltando espaço.

Continuo comprando e ganhando livros no Rio de Janeiro e estocando no meu apartamento e numa sala alugada em Botafogo. Deve ter mais de 15 mil volumes para serem transportados para a biblioteca, mas está faltando dinheiro. Dinheiro para pagar o transporte, dinheiro para fazer a adequação do espaço, dinheiro para pagar pessoal para fazer a limpeza, para fazer a catalogação no computador.

Já que estamos falando de grandezas, ela é, segundo a professora Walnice Galvão disse, no seu artigo "O tesouro no sertão", a maior biblioteca comunitária do mundo instalada numa comunidade rural. E queremos que isso ajude a mudar algumas coisas: quem sai do Paiaiá vai ser trabalhador na construção civil, porteiro de prédio, motorista de ônibus, ou então, como lamentavelmente já aconteceu no passado e continua acontecendo nos dias atuais, entra na marginalidade social. Vamos criar um trabalho um pouco diferente, mais suave pra eles? Se saírem, trabalhar com certa dignidade, não ser desse jeito tão sofrido como é para o pessoal que vive aqui.

Aqui na Bahia, no povoado do Paiaiá, São José do Paiaiá, antiga Olhos d'Água do Paiaiá, quanta coisa se passou. Meu primeiro livro. Meu primeiro trabalho.

Vaca, enxada, cacho de banana, arco-íris, escola, tabuada, mais livros, mais enxada. Até que um dia subi no pau-de-arara, fui tentar ganhar a vida em terras estranhas, e nelas vivo até os dias atuais.

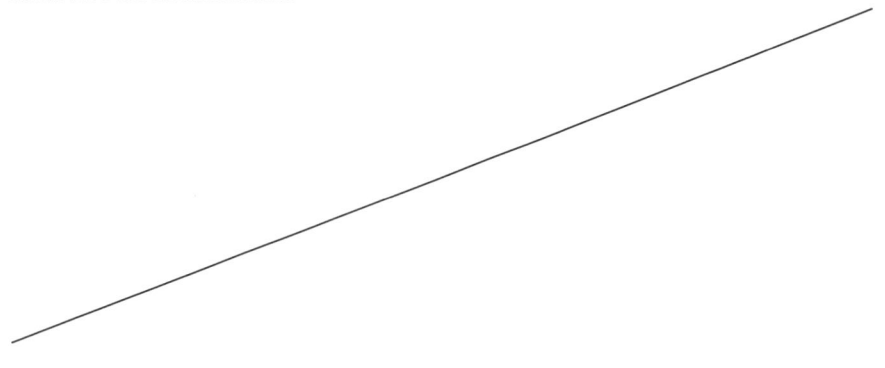

IDALIANA DE AZEVEDO

POR LUIZ EGYPTO

ESCURIDÃO E LUZ

Estava tudo escuro, faltava ar. Pareceu o fim, mas era o começo. Aquela escuridão foi prenúncio da claridade que espocaria anos mais tarde, do lado de lá do rio Amazonas, do lado de lá dos Andes, em paragens ainda insuspeitadas para a criança de 2 anos que naquele instante se debatia, atabalhoada, sem entender muito bem o que ocorria, perdida no rebojo de um braço de rio, até surgir a mão amiga que a levou de volta à superfície. Ar, ar, ar. Inspiração, expiração, inspiração, expiração. A menina estava salva. Aprendeu a não se meter com as águas que corriam nas cercanias da cidade onde nasceu, nem à beira do paraná, onde morava, nem no rio-mãe, que diante de Óbidos tem a menor largura e a maior profundidade de seus exatos 6.992,06 quilômetros de extensão. Ou quase exatos.

A menina sobreviveu e cresceu perto dos livros do pai – que não eram tantos, mas todos sempre lidos o bastante para incutir o hábito. Era uma casa onde tudo se encaixava, mas faltava uma escola regular, e por isso a família se mudou para a sede do município, em busca do estudo para ela e os irmãos. Foi então que a história de Idaliana se encorpou. Viera de uma boa formação em casa, aproveitou o quanto pôde do colégio de freiras em que os pais a matricularam. Desde logo consolidou a vocação: ela queria ser professora, ela queria ser freira. Cedo começou a trabalhar, na lida do colégio e em sala de aula, com alunos, cadernos e lápis, lousa e giz, a trabalhar o corpo e o espírito, agora com formação no âmbito de um então recém-criado Movimento de Educação de Base, vinculado à CNBB, que lhe ensinou o método de alfabetização do educador Paulo Freire. Descobriu que não seria preciso vestir o hábito para servir a Deus e aos menos favorecidos. Sua vida tomou rumo, foi explorar outros horizontes, viajou para as fraldas dos Andes ao mesmo tempo em que outra escuridão se abatia à sua volta, com o golpe de Estado de 1964 e a ditadura militar que se implantou por 21 anos.

A essa altura, contudo, não haveria mais volta: sua história estava dada. Ela queria o mundo. E conheceu o mundo do trabalho degradante, aprendeu a olhar nos olhos dos outros, a respeitar o outro; entendeu o significado da palavra solidariedade. Andou, andou e voltou para Óbidos, onde tudo começara. A vocação primeva agora é plena – vivida, praticada e diuturnamente sonhada na Associação Mocambo Pauxi, que ajudou a fundar. Ali Paulo Freire ainda vive com seu método apropriado e reconvertido por educadores do século 21, rijo e forte em meio aos jovens e adultos que vêm para aprender o que a história de cada um tem para ensinar.

Educação para a vida é o nome do jogo ao qual se dedica Idaliana, a mulher que conheceu a escuridão, aceitou seus semelhantes como são e encontrou a luz ao descobrir o sentido da liberdade. É a história de uma brasileira raçuda, que enfrentou a vida, mas nunca aprendeu a nadar.

Luiz Egypto é jornalista, redator-chefe do Observatório da Imprensa.

IDALIANA

NASCEU EM 1936,
NO PARANÁ DO ESPÍRITO SANTO,
MUNICÍPIO DE ÓBIDOS, PARÁ

"SE ME CASASSE ERA PARA O MEU
MARIDO E MEUS FILHOS E ACABOU-SE.
E EU QUERIA O MUNDO."

DEPOIMENTO AO MUSEU DA
PESSOA EM 27/04/2010

Meu pai não me deixava nadar no rio; tanto que não aprendi a nadar. À tarde, íamos para a beira do rio. Ele tinha medo porque era fundo. Lá, no rio Amazonas, não se enxerga o fundo. Uma vez, ia morrendo afogada. Tinha perto de 2 anos, era domingo. A menina que tomava conta de mim se descuidou e o meu irmão, o Délio, disse: "Maninha, vamos pular daqui prali?" Eu, bestinha, fui. Ele não pulou porque era mais entendido. Tinha um senhor lá que pulou na mesma hora e foi me buscar lá no fundo. Eu não me lembro disso, a minha mãe é que me contava e mostrava: "Olha, foi este senhor que salvou você". Se nasci de novo, a primeira vez em que nasci foi em Paraná do Espírito Santo.

A localidade fica em um braço do rio Amazonas cortado pela Ilha Grande. O braço onde nasci vai rumo a Alenquer, e o outro braço do rio vai para Santarém. É uma região de várzea. O rio sobe durante seis meses e desce, na vazante do rio, nos outros seis. Era uma localidade economicamente bem-sucedida. Minha mãe tinha muito amor pela natureza, e meu pai criava gado, comprava milho, feijão, macaxeira. Ele vendia o gado em pé, não se fazia o corte da carne. O comércio sempre foi por rio, pela água. Sempre.

Eu tinha cinco irmãos e uma irmã, que morreu com 1 ano e 3 meses. Sou a terceira dos sete. Meu pai fez uma casa linda, de madeira, encaixada com pinos (não tinha prego). Era longe do chão por causa da enchente. Eu gostava de brincar de professora. E me chamo Idaliana porque era o nome das minhas duas avós, Idália e Ana. Era só eu mesmo, mas agora há várias xarás. Meu pai lia muito, livros, jornais. Na época era muito difícil, mas ele lia bastante. Parecia um contabilista formado. Tenho até hoje os livros em que anotava as compras, a criação do gado. Minha mãe também tinha preocupação com o estudo. Ele contratou uma professora. Quando a professora da escola não deu mais aula lá, ele disse: "O jeito é ir pra cidade". Essa cidade era Óbidos. Comprou uma casa e fomos morar em Óbidos. Eu devia ter 6 para 7 anos. Não éramos ricos nem pobres. Como se dizia naquele tempo, éramos remediados. Tendo alguma coisa, morando no interior, sabendo gerir, vivia-se bem.

Fui estudar no Colégio São José, colégio de freiras, da Imaculada Conceição. Foi uma benção de Deus; o colégio completou o que eu tinha recebido em casa. Era perto de casa, da mesma casa em que moro hoje, mas que era mais antiga, feita de tabatinga, um tipo de barro que tem perto de Óbidos, naquelas ribanceiras. Casa feita de tabatinga enxertada com pedras.

A FREIRA NOS ENSINAVA SOBRE O RIO AMAZONAS. NASCE NO PERU, VEM DESCENDO, EM ÓBIDOS É A PARTE MAIS ESTREITA, CHAMADA GARGANTA DO AMAZONAS. O ENSINO ERA MUITO PRÁTICO, ERA ESSA A VIVÊNCIA DA GENTE.

Comecei a trabalhar cedo, com 15 anos já estava em sala de aula. Estudava e trabalhava no colégio. Aprendíamos a cozinhar, a limpar casa, a costurar. Dentro do curso tínhamos enfermagem, primeiros socorros. E tinha o Normal Regional, na própria escola São José. Houve uma adaptação para o interior, para lecionar no curso primário. Quando nos formamos, as mais novas estavam com 17 anos. Depois as irmãs me contrataram para trabalhar no próprio colégio. Aí comecei a minha vida de professora. Sempre quis ser professora.

Fiquei dez anos trabalhando no Colégio São José. E veio para a região um bispo chamado dom Floriano, muito amigo da minha família. Ele me perguntou se eu não gostaria de trabalhar ajudando na formação dos líderes das comunidades. E, para me preparar, me mandou fazer um curso no Instituto Catequístico Latinoamericano, no Chile. Isso foi em 64, exatamente na época do golpe militar. Nos dias do golpe eu estava viajando de Recife para Santiago. Em Recife vi mais o que estava acontecendo. As pessoas diziam que os comunistas estavam querendo entrar no país, e que os padres iam vestir macacão listrado e trabalhar nas ruas. Alguns seriam serrados pela barriga. Haveria eleição no Chile, o Allende ia participar. O Paulo Freire, o educador, foi para lá. Mas nem se ouvia falar dele aqui. Queimaram tudo que era de Paulo Freire.

O ano de 1961 foi muito importante na minha vida. Antes de começar a trabalhar na prelazia, fui fazer um curso de catequese no Maranhão, onde era muito forte o Movimento de Educação de Base. E começamos a conhecer o Paulo Freire pela alfabetização. Acabaram com tudo, quebraram até os mimeógrafos quando entraram nas casas onde o pessoal trabalhava com alfabetização. Foi um negócio estarrecedor o que fizeram. Só fui conseguir os livros de Paulo Freire em 1975, em Medellín, quando fui fazer reciclagem do curso de Santiago.

FIQUEI O ANO TODO DE 1964 NO CHILE. A MINHA VISÃO DE MUNDO MUDOU COMPLETAMENTE, MEU DEUS! QUANDO VOLTEI, O DESEJO ERA GRANDE DE TRABALHAR NAS COMUNIDADES, SOBRETUDO COM ALFABETIZAÇÃO DE ADULTOS.

Desde os 18 anos eu pensava em ser freira, mas o bispo me disse: "Você pode servir a Deus aqui mesmo, no lugar onde está". Não tinha estrutura pra ficar a vida inteira numa família – o meu trabalho me satisfazia mais do que ficar na família. Se me casasse viveria para o meu marido e meus filhos e acabou-se. E eu queria o mundo. Mesmo já estando na congregação, ser freira sempre limita.

Havia conhecido umas irmãs no Chile, que trabalhavam em favelas. Escrevi para elas, pois haviam fundado uma casa em Belém. Elas viviam na comunidade e faziam o mesmo trabalho que faziam as mulheres daquela comunidade. O trabalho delas era só de presença. Uma presença silenciosa no meio onde viviam. É muito interessante, diferente de qualquer outra congregação. Fui morar com elas em Belém.

Como as mulheres do bairro trabalhavam como faxineiras, fui trabalhar no Hotel Vanja, como camareira. E conheci um ambiente terrível, de assédio. Uma vez olhei pela janela para ver se tinha coragem de pular, porque o homem vinha com afinco me pegar. Ele estava meio bêbado, e isso no nono andar do prédio. Eu estava com a chave para fazer limpeza no outro quarto e lá me tranquei. Apaguei a luz, fiquei quase duas horas naquele apartamento.

Depois de Belém fui para Fortaleza. No bairro, as mulheres trabalhavam nas fábricas de castanha, selecionando a castanha de caju. Trabalhei numa grande fábrica de castanha. Uma loucura! E o submundo é a coisa mais doida que pode existir nessas fábricas de castanha em que as mulheres entravam sem nenhuma prática. Começa pela procura por trabalho. Eu tinha 42 anos, não era recebida nas fábricas que precisavam de trabalho especializado. A fábrica recebia pessoas sem prática no trabalho com a castanha. E para conseguir foi um mês seguido na porta da fábrica, junto com outras mulheres. Elas me chamavam de irmãzinha:

> "IRMÃZINHA, NÃO VÃO ACEITAR A SENHORA PORQUE É BRANCA. PARA O TRABALHO DO ÓLEO, DE TIRAR A CASTANHA, ELES NÃO ACEITAM BRANCO".

O trabalho é muito árduo. Para trabalhar com a castanha, passa-se um óleo de linhaça na mão. Mas eles não tinham óleo de linhaça, era um óleo de baixa categoria. A resina da castanha empola os dedos, queima. Esse trabalho é o pior e muito mal remunerado. Uma tira e corta a castanha, de uma em uma. Agora já há máquinas. Só pagam a castanha que sai inteira. Eles aproveitam tudo, até o farelinho da castanha. E só pagam se assinar que ganha salário mínimo, mas a pessoa recebe por aquilo que produz. Nunca consegui fazer o equivalente a um salário mínimo. Somente as mulheres muito experientes fazem isso... Na porta da fábrica, as meninas disseram: "Irmãzinha, aqui é horrível, a senhora vai sair ou doida ou tuberculosa". Eram 1.200 mulheres que trabalhavam nessa fábrica. E, na verdade, quase saí tuberculosa. Insalubridade. Tudo fechado, o óleo, o cheiro. Quem queria produzir mais ficava até dez horas da noite. E eu era privilegiada, porque chegava em casa, as irmãs tinham colocado água para mim, comida.

Na hora da comida, a gente tinha que sair da fábrica com a marmita. Chovendo ou não. E as chuvas em Fortaleza são terríveis, enchem logo, não tem muito pra onde vazar. Fiquei com uma gripe muito forte. Peguei uma chuva forte, no outro dia fui parar no hospital, foi pneumonia.

As irmãs falaram pra eu sair, aí fui fazer chapéu de palha no interior, com palha da carnaubeira. Lá as casas eram muito vivas, sabe? Animadas. O pessoal ficava fazendo o chapéu, uns tecendo. Os maridos, em geral, passando a ferro. Mas uma noite, eu cheguei lá, aquele silêncio. Aí, eu disse: "Oh, minha comadre". Ela disse: "Ah, irmãzinha, eu já coloquei meus filhos todos pra dormir com fome, nós todos estamos chorando, as bodegas não querem mais fiar pra gente porque a cooperativa não está vendendo mais o chapéu". Não foi fácil. Mas minha mãe adoeceu, morreu, fui para lá. E depois andei por aí afora, morei em São Paulo e Brasília. Aí voltei: "Está na hora. Vou ver se tem alguém que apoia a ideia de fazer alguma coisa no interior, para o pessoal não precisar vir para a escola em Óbidos". Foi em 95. Havia um pessoal da Universidade do Pará; apresentei a ideia. Aí fizemos o Mocambo.

E foi lá na Comunidade São José. Eu já gostava muito dessa comunidade antes de a gente adquirir o terreno. E é ali que temos mais ou menos dez hectares. Quisemos, no nome, lembrar dos índios e negros que viveram na região. A palavra mocambo significa residência dos negros. E a palavra pauxi designa os índios daqui, os primeiros habitantes. Então o nome ficou: Associação Sociocultural, Educativa, Rural Mocambo Pauxi.

É uma educação para a vida. No começo, estudava-se o que era trabalhado, assim eram feitos os estudos. O trabalho continua no dia a dia, na base da amizade. Por exemplo, os moradores vêm aqui e dizem: "Quero aprender a fazer uma carta". Vamos juntar aqueles que querem aprender a fazer uma carta e ensinamos. Não tem um currículo que vai de ponta a ponta, mas o que eles querem, isso é educação para a vida.

Minha preocupação é como transformar isso num estudo mais adaptado à realidade. Vamos tentando fazer alguma coisa diferente. Aqui frequentam jovens e adultos. Criança não, pois criança estuda na escola. E há certificado; eles terminam o ensino médio. Formou-se aqui a primeira turma. O Estado estabelece os currículos e paga os professores.

E nos empenhamos em fazer cursos profissionalizantes. Em 99 e 2000 fizemos vinte cursos aqui. Mecânica e carpintaria foram cursos dados pelo Senai. Com a carteirinha do Senai eles foram longe, quase todos ganharam emprego.

E me mudei para cá. Gosto daqui. Convivo com as pessoas, tenho mais tempo para me dedicar. Aqui está um pouco presente a vida das irmãzinhas, mas de um jeito diferente, em outro plano. Tenho um sonho muito grande: ver tudo isso como um lugar em que o pessoal aprenda pelo que vê. Vamos tentando, vamos seguindo.

Lá naquela comunidade do chapéu de palha, pela primeira vez na vida vi adulto e criança chorando de fome. Aquilo me marcou muito, muito...

E aprendi também, com isso, a relativizar as coisas, a não acumular nada, a viver na liberdade de espírito, encarar as pessoas como elas são, sem cobrar, sem ser exigente com o outro. Como posso exigir dos outros aquilo que eles não tiveram e eu tive?

ANTONIA FOGO

POR HELOISA BUARQUE DE HOLLANDA

UMA VIDA DE ENFRENTAMENTOS

Senti alguma coisa estranha quando soube que Antonia Fogo havia nascido no mesmo ano que eu: 1939. Eu, em Ribeirão Preto, interior de São Paulo. Antonia, em Pau a Pique, interior da Bahia. Dois destinos tão diferentes, o meu e o da Antonia. Mas mesmo assim, diante da abissal distância que nos separa e distingue, me senti muito próxima dela, talvez pelo jeito de Antonia nos contar sua história. Nela vi o *ethos* particularíssimo da matriarca nordestina, aquela mulher valente, que geria os engenhos e a família com mão de ferro, e que, muitas vezes, era referida como mulher bárbara. Foi esse paradigma da mulher sertaneja, ou da senhora de engenho, brasileira forte e dona de seu destino, que me fascinou quando estudei e muito escrevi sobre Rachel de Queiroz. A força feminina seminal da matriarca nordestina acompanhou o meu pensamento e o meu trabalho ao longo de muito tempo.

Foi a lembrança desse momento de descoberta da cultura nordestina em sua versão feminina, com todas as suas inflexões e particularidades, o que, provavelmente, despertou meu interesse imediato pelo relato de Antonia. Antonia Fogo que, como outras tantas Antonias, desenha sua vida com traço forte.

Neste caso, nossa Antonia Fogo enfrenta o antagonismo da natureza inclemente do sertão e seu desdobramento dramático: a seca e sua sina migrante. Como seus pais, atravessou o mundo a pé, com filhos nas costas. Do Canindé seus pais chegaram a Pau a Pique, onde nasceu Antonia, que, por sua vez, retomou a estrada e prosseguiu viagem até Barra da Cruz, viveu as inundações da barragem de Sobradinho, mais uma vez se pôs a caminho, chegou a Bom Jesus da Lapa, e, enfim, voltou a seu ponto de partida, onde só encontra uma terra vazia, alagada. A seca regendo seus passos, a vida, o trabalho, os amores.

No percurso, os enfrentamentos, levados com valentia, não se chamasse ela Antonia Fogo e não vivesse sob o signo de Vó D'Água, mulher-guia que surgia à meia-noite, inesperada e linda, "no piloto de um barco, um pentão muito grande atravessado na cabeça".

Antonia me faz lembrar não só dessas mulheres, mas de muitos perfis de mulher. Algumas até fragilizadas, que não mereceriam Fogo no nome, mas que, de alguma forma e em algum momento, transformam-se em autênticas Antonias Fogo. Talvez porque a narrativa de sua história traga uma dicção de relato coletivo, superponha várias mulheres, linhagens ancestrais, imagens em sentimento. Como a história da mulher no Brasil.

Heloisa Buarque de Hollanda é professora emérita da UFRJ, ensaísta e pesquisadora.

ANTONIA
NASCEU EM 1939, EM PAU A PIQUE, BAHIA

"EU NUNCA TIVE MEDO. POR CAUSA DISSO ME BOTARAM O APELIDO DE ANTONIA FOGO."

DEPOIMENTO AO MUSEU DA PESSOA EM 01/12/2007

Eles me chamam de Antonia Fogo porque sempre, a vida toda, eu fui terrível. Toda vida fui assim, nunca levei desaforo pra casa. E, com essa idade que estou, nunca bati nem apanhei, mas também nunca tive medo de ninguém: nem de homem nem de mulher. Nunca tive medo.

Meus pais nasceram em uma cidade do Piauí chamada Canindé. E vieram para a Bahia em 33. A seca foi muito grande no Piauí, na época eles eram casadinhos de novo, com três filhos. Aí atravessaram esse mundo a pé, com os filhos nas costas. É, um em cada braço, outro nas costas. Sacolinha, as bolsinhas nas costas, não sei nem quantos dias eles passaram andando, até que eles chegaram aqui em Pau a Pique. E eu já nasci aqui na Bahia, em Pau a Pique mesmo.

Todo mundo morava no sítio, um sitiozinho, e carregava de longe água salgada, sofrendo no sol quente. Carregava água pra sobreviver, criava bode, plantava roça, criava galinha. Uma casinha sozinha, sem luz, sem nada, mas a gente achava tão gostoso aquilo ali. Vivia do peixe, da mandioca. Ninguém tinha emprego, ninguém falava em emprego. O lugar onde a gente morava não tinha nem alguém formado. A professora vinha de fora. Mas era um lugar tranquilo, um lugar onde você tinha aquela liberdade, não tinha medo de nada. Você podia dormir no terreiro.

Era bom aquele tempo. Menino, mocinha nova, era namorar, era dançar, era ir pro colégio. Caminhava uns 5 ou 6 quilômetros a pé pra ir pra escola. Era uma senhora que dava aula lá naquele lugar. Até que, num momento, a gente aprendeu só a assinar o nome. Naquele tempo era difícil os pais botarem os filhos pra estudar. Porque tudo era difícil. Agora, hoje não.

Eles falavam muito da Vó d'Água, mas eu mesma nunca vi. O povo conta, diz que antigamente ela vinha por aqui. Tem um rapaz aqui que já viu ela no piloto de um barco, disse que era linda, um "pentão" muito grande atravessado na cabeça. Uma moça linda, a Vó D'Água. Lá no velho rio tinha umas pedras, uns montes de pedras, uns lajedos. Quando o rio vazava, aqueles lajedos descobriam, ficavam no seco, sabe? O povo cansava de vir meia-noite ou no romper do dia e ver a Vó D'Água em cima das pedras. E quando ela via o povo, fugia. De tudo acontece. Agora, eu nunca vi, né?

Aí cheguei a me casar, hoje tenho meus filhos, meu marido. Já casei com um homem avançado de idade, mas foi muito bom, trabalhador. Nunca me proibiu de fazer nada, soube criar os filhos. Aí hoje eu tenho aquele prazer de lutar com ele velho, doente, porque foi um bom pai. Eu, com todo sofrimento, tenho três filhos formados e um neto formando.

Eu me mudei para Barra da Cruz quando me casei. Meu esposo era de Barra da Cruz, aí eu fui pra lá. Passei o quê? Uns vinte anos morando lá.

ERA MARAVILHOSO, BEIRA DO RIO... A GENTE ATRAVESSAVA UM RIO PRA IR PLANTAR. ERA MEIO MUNDO DE FEIJÃO DE ARRANQUE, ABÓBORA, MELANCIA, MILHO VERDE.

Naquele ilhote. A gente passava a seca toda. Quando o rio enchia, a gente carregava as coisas cá pro povoado e ficava morando aqui. A gente plantava muita mandioca. Aí, quando o rio enchia, tinha aquele trabalho de arrancar, de mexer farinha, de fazer aquilo, aquele movimento. Não tinha firma, não tinha nada, mas todo mundo vivia tranquilo. No São Francisco o marido da gente pegava bastante peixe, vendia, fazia dinheiro, e aí dava pra sobreviver. Os homens plantavam, mulher também trabalhava na enxada, ajudava o marido a plantar. O homem pescava. Era de anzol, era de tarrafa, era de rede.

O maior peixe que tinha era o surubim. Aqui no nosso rio tinha surubim do tamanho de um homem. Quando pegava, vendia. Tirava a cabeça – a cabeça de um surubim cortado dava pra duas, três famílias comerem. Agora, a massa mesmo, o corpo do surubim, a pessoa vendia. Gordo, cortando ele dava um dedo de toicinho. Tão gostoso ele assado na brasa! Ou também servia pra fazer moqueca. Surubim é gostoso, é um peixe que não tem espinha. Meu marido mesmo cansava de pegar. Uma vez ele pegou foi seis! O barquinho nem deu pra vir.

Mas agora não tem peixe assim, não. Essa barragem foi uma infelicidade na vida da gente, uma tragédia. Essa barragem de Sobradinho. Um dia eles apareceram, avisaram. O pessoal fazia pesquisa, andava, fazia reunião. E avisava. Eles diziam que iam construir a barragem e mudar o povo da beira do rio para aquele lugar lá. E aí a maioria do povo não acreditava que isso ia vigorar. Mas, com certeza, foi mesmo. E a barragem, graças a Deus, tem segurado, porque – Deus me livre! – se quebrar, é um meio mundo de gente que morre, que mora pro lado de baixo. Eu tenho uma filha que mora pro lado de baixo, e eu não sou satisfeita com ela morando lá.

Tudo isso a gente deixou pra trás. Eu só fui pra Bom Jesus da Lapa porque enganaram a gente, iludiram. Diziam: "Lá é muito bom, tem terra pra trabalhar". Tem, mas se chover bastante; se não chover, a planta morre, tudo, tudinho. Diziam que, quando a gente chegasse, ía receber seis meses de salário enquanto plantava, até chegar a colher alguma coisa. E aí o pessoal trazia umas amostras das espigas de milho, de melancia, de feijão, aquelas coisas bem grandes. O pessoal, vendo aquilo, disse: "Oxe, vamos trabalhar. Esse que é o lugar de trabalhar". A gente vendeu as besteiras que tinha, e foi lá pra Bom Jesus da Lapa. Quando chegou lá, a gente não se deu, por conta do lugar. Tudo lá era diferente.

E eu fui morar numa agrovila, uma agrovila que eles construíram pro povo morar. A gente não se deu bem com o clima do lugar; eu mesma adoeci muito com a mudança. Se chovesse, dava planta. Se não chovesse... Uma água ruim, salgada... O povo adoecia. A água não dava espuma no sabão pra você lavar o pano. Você botava a água numa vasilha de barro, quando era no outro dia tinha um dedo de sal. Aquele negócio branco, no vaso, um dedo de sal na água, quando ela assentava.

Não tava gostando, não; eu queria ir-me embora pra minha terra. E eu sou Antonia Fogo. Chegava um conterrâneo, eu: "Vamos embora, rapaz! Nós tamos fazendo o que aqui? Nós tamos passando nossa vida, nós tamos é se acabando aqui, nós vamos é morrer com essa água. Vamos embora?" "Vamos." "Você vai mesmo?" "Vou." E aí, quando chegava outro, eu fazia do mesmo jeito. Mas antes fui encarar o chefão. Eu queria que ele pagasse o dinheiro da minha casa dali. Eu queria que ele pagasse o dinheiro da minha casa porque eu ia embora, eles disseram que era uma coisa e era outra. Mas eles não pagaram, perdi o dinheiro da minha casa, mas nós viemos. Nós viemos. As pessoas se arrependeram, "Vamos voltar". Quem teve coragem e quem teve condições de vir, veio. E quem não teve por lá mesmo ficou até hoje.

AÍ, QUANDO A GENTE TOMOU A DECISÃO DE VOLTAR, PENSOU QUE SE VOLTASSE IA ENCONTRAR O MESMO QUE TINHA. DOIS ANOS QUE A GENTE NÃO IA LÁ EM BARRA DA CRUZ.

Da vez que eu vim, eram quatro famílias vindo de vapor até o velho Santo Sé. Aí, quando nós chegamos em Santo Sé novo pagamos uma lanchona, uma lancha muito grande, que veio nos deixar aqui no porto. A gente conversava era da alegria de quando a gente chegar lá: "Eita, e quando a gente chegar lá nós vamos pegar peixe". Outro dizia: "Quando chegar lá ainda vou pegar minhas coisas. Se ainda tiver alguma coisa descoberta a gente vai pegar". Outro: "Quando chegar lá vou cercar minha roça que eu deixei pra secar".

Quando as famílias chegaram lá, foi chorar, chorar. Uns vieram visitar, ainda passearam, vieram ver como era o rio. Aí não tinha ninguém no lugar, só um monte de água, não se via mais nada, o rio encobriu tudo. Ai, meu Deus, chorei tanto quando eu vi. Só sabia a direção, que ali era a minha casa, ali era a casa de fulano. Por cima da areia, do morro. Que a gente subia no morro e pegava lenha, e botava os bodes de cima do morro pra cá, aí a gente sabia a direção. E aí marcava: ali era a casa de fulano, ali era a minha casa. Ah, chorei um bocado.

Mas eu voltei. E mais gente voltou. Veio o Nelson, o Zé Libório, veio o Zé Rizina e o Chiquinho e o Almiro, o Geraldo... é meio mundo de gente que voltou. Lá é ruim, aqui é ruim também, então ruim por ruim a pessoa fica logo no lugar que estava, pra esperar o dia que Deus chamar. Agora aqui, pra sobreviver, é plantar, plantar rocinha, plantar cebola de meia. Trabalha três meses... Se dentro daqueles três meses aquela cebola der dinheiro, o dono tira todas as suas despesas, e o que sobra parte com o meeiro. E se não der nada, o meeiro sai só com a enxadinha nas costas. Na velha Barra da Cruz não se plantava cebola. Lá tinha o plantio de feijão de arranca. Aí veio alguém de fora que incentivou, que sabia trabalhar na cebola. E aí sei que quando a gente chegou já tinha muita gente trabalhando e muita gente "enricou". Ela dá muito dinheiro, mas dá prejuízo também. Porque é o veneno, é o adubo, é água, é tudo que a pessoa gasta; gasta muito com ela. Mas quando ela dá dinheiro, é bom demais. Num instante a pessoa sobe.

Os tempos vão passando e aí tem que enfrentar a vida, porque a gente não morre antes que chegue a hora, a gente só morre na hora certa. Meu problema agora é a minha doença, que eu não sei contar o que é. E nem os médicos descobrem o que é minha doença. O ano passado fui fazer um *check-up* do corpo inteiro e não mostra. Não mostra o que é minha doença. Eu sinto uma fraqueza muito grande, uma dor muito grande em minha cabeça. E tem vez que os ossos da minha cabeça estalam. E eu tomo remédio. De tanto remédio que eu tomo, a boca amarga. Mas eu não tenho medo.

Eu nunca tive medo. Por causa disso me botaram o apelido de Antonia Fogo. E por Antonia Fogo eu vou morrer, porque o meu nome é Antonia Nunes Café, e aí botaram Antonia Fogo e isso ficou. Que até de São Paulo vem carta minha com sobrescrito: Antonia Fogo.

MICA COSTA GRANDE

POR DAVID OSCAR VAZ

ELES FORAM COLHER DAMASCOS

Foram precisos mais de quatro séculos, desde que os portugueses chegaram nas suas caravelas ao sul da China, para que aparecessem os primeiros vindos por terra. No início dos anos 80, 22 meses depois de terem deixado Portugal, Mica e Sofia chegaram através da China às Portas do Cerco e a Macau. Eram então jovens, época quase irreal em que a juventude se aparenta com a eternidade e em que tudo parece a um passo do possível. Apesar disso, o gigantesco périplo não estava nos seus planos iniciais. A ideia era mais modesta, tinham comprado uma Kombi para pequenas excursões e um dia resolveram ir até ali à Suíça colher damascos e ganhar dinheiro para consertar o carro, que havia quebrado, e para as despesas das férias. Ganharam uma boa grana e seguiram viagem, parando, trabalhando, indo sempre e mais adiante.

Mica traz no sangue a inquietação de seus antepassados, é um viajante por destino e um fotógrafo por vocação. O fazedor de imagens nasceu do viajante, da sua condição de testemunha voluntária que traz a ânsia no olhar e a vontade de sondar o que se esconde mais além, viver e ter o que contar. Sente-se como um estrangeiro em toda parte e, apesar disso, sabe que sua casa é todo o mundo pois acredita no encontro entre os homens, mesmo que falem línguas diversas, mesmo que haja um inferno de guerra e burocracia em todo lado.

Depois de doze anos em Macau, do nascimento dos dois filhos e de várias viagens pela região, resolveram fazer outra odisseia, desta vez para conhecer as três Américas. Compraram um caminhão, onde montaram a maior câmara fotográfica do mundo, uma *pinhole*. No Brasil percorreram 27 estados num projeto intitulado *O Brasil pelo buraco da agulha*.

Todos esses anos de aventura em viagens e conhecimentos não teriam muita importância, a não ser a relevância para si e para os seus, se o trabalho que realizou não fosse o registro de um grande artista. Tenho a alegria de possuir algumas de suas fotos. Numa delas, em preto e branco, num jogo de claro e escuro fascinante, tirada no Tibete, vemos seis pessoas em uma tenda, o rosto de uma mulher sentada está iluminado pela luz que penetra pela abertura do alto da habitação, outro facho de luz entra pela lateral. Ela sorri de maneira franca e cativante, olhando para uma figura que inicialmente pensamos tratar-se de uma criança, mas é um anão.

Em um ensaio chamado *Alguns aspectos do conto*, Júlio Cortázar, comparando um bom conto com a boa fotografia, nos diz: "Tanto o contista quanto o fotógrafo trabalham com a noção de limite, ambos sentem a necessidade de escolher e limitar uma imagem ou um acontecimento que seja significativo, que não só valha por si mesmo, mas que também seja capaz de atuar no espectador ou no leitor como uma espécie de abertura, de fermento que projete a inteligência e a sensibilidade em direção a algo que vá muito além do argumento visual ou literário contido na foto ou no conto".

Há algo daquelas pessoas da tenda no Tibete em mim, a imagem me revela. Uma alegria presente me convida a chegar, ficar à vontade e participar daquela pequena festividade. Estão preparando chá, não sei que língua falam, é um momento familiar de descontração, uma pausa no dia. O trabalho de composição é admirável, o sorriso iluminado da mulher, as inumeráveis tranças de seu cabelo, o anão quase à sombra parece se aproximar, a mulher sorri para ele. Os dois homens de dentes à mostra destacam-se no escuro atrás dela, olham diretamente para a câmera e revelam a personagem que está fora de cena, mas não está de fora daquele instantâneo de convivência, o fotógrafo atrás da máquina. O que temos é uma concentração de significados, um flagrante que captou o inusitado, alguém disse algo, a revelação provoca o riso e a aproximação do anão como reação ao que foi dito, o desfecho da situação não se sabe. Nesse sentido a fotografia pode ser vista como uma estrutura semelhante a de uma narrativa curta artisticamente elaborada, uma foto enfim conta uma história que vai além do que mostra.

Após cinco anos vividos em São Paulo, Mica voltou com a família para Macau apenas alguma semanas depois de nos conhecermos. Numa de nossas últimas conversas, o amigo falou de sua vontade de se dedicar à escrita. Já admiro o fotógrafo que produz imagens tão instigantes, estou louco para ver o que virá como produto de sua escrita.

David Oscar Vaz é escritor, vencedor do prêmio APCA com o melhor livro de contos em 1997.

MICA

NASCEU EM 1961, EM VILA FRESCAÍNHA DE SÃO PEDRO, BARCELOS, PORTUGAL

> "TROCÁVAMOS 1 DÓLAR POR 18 RÚPIAS, E GASTÁVAMOS UMA RÚPIA PARA COMER. UM DÓLAR DAVA 18 REFEIÇÕES."

DEPOIMENTO AO MUSEU DA PESSOA EM 22/11/2011

Nasci em 1961, sou de Barcelos, uma cidade no Minho, no norte de Portugal. Morei seis anos no Brasil; daqui a poucos dias, sairei do país. Volto, com a família, para Macau. Já vivemos lá. E em muitos outros lugares. Eu e a Sofia conhecemos 76 países. Nossos filhos, 35. Mas a memória da minha primeira viagem ainda é muito viva.

Foi de Barcelos a Lisboa. Durou dois dias. Eram 400 quilômetros de carro, e não era carro de bois. Foi num Simca 1000, verde. Eu tinha 7 anos, era a única criança entre os quatro passageiros. Ia com meu pai e meus tios, eles fariam testes para emigrar para a França. As estradas não eram boas, passávamos pelos centros de todas as cidades, foi uma longa viagem.

Eu perguntava sem parar, desde o primeiro monte que apareceu: "Lisboa é depois desse monte?" A dez quilômetros de casa eu já indagava e fui perguntando assim até o final. Como a viagem foi muito longa, fiquei a perceber que Portugal era muito grande... a sensação maior foi que Portugal era um país gigantesco, na minha cabeça era maior que o Brasil.

O nome do meu pai é Amílcar e da minha mãe é Maria. Eram donos de um boteco, uma tasca. Era a Tasca do Amílcar, e o negócio principal era a venda de vinho tinto, em Barcelos. Os anos 60, da minha infância, foram anos de medo, e não tanto pelo aspecto da ditadura, da censura, mas por aquela frase que ouvíamos logo que nascíamos: você, quando crescer, vai para o Ultramar. E o Ultramar queria dizer guerras coloniais na Guiné, em Moçambique, em Angola. A Guiné era o terror. Eu tinha um tio que, nessa época, serviu o exército na Guiné e voltou traumatizado. A minha escola primária tinha as quatro classes do primário na mesma sala. Éramos tão poucos que cabíamos todos naquela sala com mapas cor-de-rosa, com todas as colônias portuguesas. Nessa época, segundo os conceitos da ditadura, éramos um país multicultural e pluricontinental.

TÍNHAMOS QUE SABER OS RIOS TODOS DE ANGOLA, DE MOÇAMBIQUE, DE GOA, QUE JÁ TINHA SIDO PERDIDA EM 61. EU ENTREI NA ESCOLA EM 67, GOA CONTINUAVA NO MAPA E TÍNHAMOS QUE SABER TUDO. CONTINUAVAM ENSINANDO QUE AQUILO ERA SÓ TEMPORÁRIO, QUE GOA IRIA SER RETOMADA.

A Sofia é a parte principal da minha história. Estamos juntos desde que eu tenho 17 e ela 15 anos. Se eu tivesse que escolher uma profissão e se relacionamento fosse profissão eu seria o companheiro da Sofia. Agora tenho outra profissão, que é ser pai do Eloi e da Sásquia. Fotógrafo, na realidade, vem em terceiro lugar.

Mas a Sofia não foi um acaso, foi absolutamente um projeto. A cidade tinha uma rua e quando a gente estava no norte dessa rua, que tinha 400, 500 metros, dizíamos: vamos ao Marrocos? E Marrocos era o outro lado da rua, ao sul. No meio da viagem passava por um supermercado, a Casa do Café. Lá tinha uma menina bonita, meio asiática, servindo sorvete. Gostei dela.

Era uma adolescente, e ajudava no negócio da família. Nós, os rapazes, andávamos para baixo e para cima só para ver a Sofia. Fui passar um tempo em Paris com um tio, em 1979. Desinibi um pouco mais, outra língua, andei sozinho pela cidade. Quando voltei, me antecipei a todos da turma, que também gostavam dela. Bem, começamos a namorar. Já são 32 anos.

Na verdade, a nossa história é a coisa mais importante da minha vida. E são muitas histórias. Na primeira viagem depois de Paris, comprei uma Kombi. E as primeiras viagens que fizemos juntos foi nessa Kombi. Saíamos pelo meio do campo, ela vestida de indiana, toda aquela parafernália visual do pós-*hippie*, e eu com o cabelão pelo ombro, mas nos sentávamos no meio do pessoal da aldeia, comendo broa de milho. Nossas primeiras viagens foram assim, porque não tínhamos muito dinheiro para colocar gasolina, andávamos uns 15 quilômetros e parávamos numa tasca ou numa praia, à volta de Barcelos ou Ponte de Lima, ali por terras da Carmen Miranda.

Em 1980 fui para o Porto, ser assistente de um professor. Ensinava geometria descritiva numa escola de artes. A Sofia ficou em Barcelos a concluir o colegial e eu morava no pátio do estacionamento da escola a maior parte do tempo. Os meus alunos batiam na janela da Kombi. Cabiam quatro lá dentro, dois na frente e o resto atrás; ficávamos ali até o horário do início da aula, conversando e tomando cafezinho quente. Tinha minha vida dentro dessa Kombi de 69.

E foi essa Kombi o pretexto para fazer uma viagem mais longa. Conhecemos um casal que veio da Índia, de ônibus. Eles disseram, vocês têm carro? Vão viajar? Por que não vão pra Índia nele? A ideia amadureceu na nossa cabeça. Um tempo depois, saímos de um concerto de Egberto Gismonti, no Porto, pegamos a estrada direto para a Suíça, para colher frutas e fazer um dinheiro para seguir viagem. Mas chegando na fronteira de Portugal a Kombi quebrou, derreteu o motor. Continuamos sem a Kombi em direção à Suíça. Ali era a nossa fonte de receita para as férias. Trabalhávamos colhendo frutas, damascos. Num trabalho de duas semanas dava para fazer dinheiro suficiente para dois meses de viagem. Acabamos fazendo mais, foram umas semanas de colheita, o que nos deu uma pipa de massa, um bom dinheiro. Voltamos à fronteira de Portugal, reparamos a Kombi, regressamos à Suíça e ficamos lá um inverno inteiro. A Sofia a trabalhar num bar de montanha, estação de esqui, e eu num restaurante, na planície. Juntamos 3.500 dólares. Na época, para nós, uma fortuna. A ideia então era baixar para a Itália, chegar até a Sicília, pegar um barco para o norte de África e voltar para casa, fazer aquela voltinha do Mediterrâneo. Duvidando que a gente chegaria até a Índia.

Mas aconteceu que fomos andando em direção ao Oriente. Acabamos indo visitar um amigo na Grécia. Bem, Istambul está ali do lado, vamos pra Istambul! Quando chegamos a Istambul, ouvimos dizer que por causa do Khomeini, da revolução, poucos turistas podiam entrar no Irã. Mas curiosamente, quem podia eram os suíços, por causa da sua neutralidade, e os portugueses e brasileiros. Era 84. A barreira era o Irã, em guerra com o Iraque. A Sofia sugeriu irmos a uma agência em Istambul, perguntamos o que era preciso, arrumamos a papelada, conseguimos um visto para o Irã.

Seguimos para o interior da Turquia, passamos pelo planalto da Anatólia e chegamos à fronteira. Ficamos quatro dias na fronteira com o Irã. Viraram a Kombi de cima para baixo, tiraram tudo, até os bancos eles arrancaram, verificaram, verificaram. Mas passamos. Só que nos deram um policial para nos acompanhar. Ainda no início da viagem, na cidade de Tabriz, ele falou: "Vou até os correios e já volto". Ficamos na beira da estrada, porque ele foi de táxi à cidade. Chegou a noite, esperamos o dia seguinte, o cara nada, desapareceu. Resolvemos seguir sem ele. E o trajeto era assim: a cada 30 quilômetros tinha uma barreira militar; país em guerra, a cada rotatória cem retratos de mártires da guerra, as mulheres eram vultos negros passando, calor, poeira. Éramos parados frequentemente, mas sempre deu para seguir em frente, em direção à capital, Teerã. Logo que chegamos, avistamos um bairro em chamas – tinha havido um bombardeamento iraquiano na cidade; mais na frente uma explosão, ocorrida poucos minutos antes. Foram algumas situações em que realmente, com um pouco de azar, podíamos ter perdido a vida.

SÓ TÍNHAMOS SETE DIAS DE VISTO E ERA PRECISO SEGUIR PARA O SUL, BUSCANDO ENTRAR NO PAQUISTÃO PELO DESERTO. NOSSO TEMPO DE FÉRIAS JÁ SE ACABAVA. DE VEZ EM QUANDO LIGÁVAMOS PARA OS PAIS, AVISANDO QUE EM BREVE CHEGARÍAMOS EM CASA. MAS, NA VERDADE, SÓ NOS AFASTÁVAMOS.

De Barcelos a Teerã já eram cerca de 6.500 quilômetros. Chegamos até a fronteira. Ou melhor, do lado do Irã tinha fronteira, mas do lado do Paquistão era bem confuso. Desorganização total, ninguém queria saber e a gente já quase ia entrando no deserto, mas, que ideia! Vindos da Europa cheios de rigor, quisemos fazer um seguro para a Kombi, e desviamos para ir ao posto de controle. Então saiu a pergunta: "Vocês têm 'carnet de passage'?" Nunca tínhamos ouvido falar no assunto. Daí que confiscaram a Kombi. O 'carnet de passage' é uma espécie de passaporte para o veículo, exigido por alguns países para garantir que não se vai vender o carro. Esse confisco implicou em fazer 700 quilômetros de deserto, chacoalhando terrivelmente, até um lugar onde eles iam depositar a Kombi. Uma hora medimos a temperatura, eram quase 70 graus ao Sol. O estacionamento era apenas umas paredes erguidas no meio do deserto e uns duzentos carros confiscados, cobertos de pó, da cor do deserto. Depositamos o carro lá, o único objeto visível era a nossa Kombi azulinha.

Ela era o nosso xodó, a nossa vida, a nossa casa, o nosso meio de transporte. As coisas arrumadas em gavetas e armários arranjadinhos, imagina a gente sair de lá com o quê? Não conseguimos tirar nada, não tínhamos nem mochilas. Pegamos uns sacos provisórios, jogamos as coisas dentro e largamos a Kombi. Mas lutamos por ela. Tivemos de ir dali até a capital distante, Islamabad, de ônibus e de trem. Fomos buscar ajuda na nossa embaixada. Isso durou dias, mas depois de muita insistência e conversa o embaixador português redigiu uma carta, quase um poema sobre a nossa vida, pedindo às autoridades para deixar passar aqueles dois jovens que tinham sonhos, ideais e tal. Rodamos com essa carta até conseguir um documento de um ministério. Depois fomos ao chefe da alfândega, já tinha se passado um mês, um mês de trabalho para recuperar a Kombi. A Sofia entregou a carta para o funcionário da fronteira, ele olhou para a carta, olhou para nós: "Por que é que você não falou comigo quando chegou aqui?"

Bem, nós recuperamos a Kombi. E avançamos. Havíamos saído da Suíça em princípio de agosto. Quatro meses depois, no final de novembro, estávamos nas portas da Índia. Essa fronteira fica na região da Caxemira, onde indianos e paquistaneses estão em guerra permanente. Por entendimento mútuo, a fronteira abria nos dias 2, 12 e 22, do Paquistão para a Índia, e em 3, 13 e 23 no sentido inverso. Nos outros, estava fechada. Chegamos um dia depois e tivemos que esperar nove dias. E não pudemos entrar por causa desse maldito carnê. De volta ao Paquistão, tivemos de esperar mais dez dias para a próxima abertura da fronteira. No total foram vinte dias na fronteira. Fizemos muitos amigos locais, mas por causa da burocracia, perdemos a Kombi, que acabou ficando ali. Ficamos muito tristes, mas seguimos em frente.

Fizemos sete meses de Índia de ônibus e de trem. Um ano entre Índia e Nepal. Chegando a Nova Deli, de carona com um alemão, num caminhão, estava uma neblina bonita e o alemão disse: "Ah! Lembrei uma coisa, eu tenho um cassete de música brasileira". Tocou a fita, passaram umas músicas e de repente ouvimos a voz do Gilberto Gil cantando *Aqui e Agora*.

"AQUI, LONGE, EM NOVA DELI
AGORA, SETE, OITO OU NOVE
SENTIR É QUESTÃO DE PELE
AMOR É TUDO QUE MOVE
O MELHOR LUGAR DO MUNDO É AQUI
E AGORA."

Não podia ser melhor a trilha sonora, sentimos naquele momento que ali era o melhor lugar do mundo.

A língua dessa viagem era o inglês, que na altura não falávamos bem. Dominávamos o francês, porque na época era a segunda língua na escola em Portugal, e tínhamos praticado bem na Suíça. Mas no inglês toda a gente reconhecia que tínhamos um sotaque indiano. Os ingleses diziam: "Ah, ah, vocês falam indiano, falam inglês da Índia".

Já tinhamos em mente ir até Macau, porque nessa visita à embaixada em Islamabad lemos umas revistas sobre Macau, e lembrei daqueles mapas cor-de-rosa da minha escola, que falavam de um lugar português no extremo oriente chamado Macau. Daí, começamos a pensar, talvez seja uma alternativa se não quisermos voltar para a Europa, chegar a Macau e trabalhar.

E o nosso dinheiro ia rendendo. Trocávamos 1 dólar por 18 rúpias, e gastávamos uma rúpia para comer. Um dólar dava 18 refeições. Nos restaurantes populares havia um tabuleiro de metal com umas reentrâncias, uma para o arroz, outra para os legumes, outra para o "raita". Num mês, chegamos a gastar 80 dólares para os dois, entre viajar, dormir e comer, mas o normal era gastar entre 150 e 180 dólares por mês.

Passamos um tempo no Nepal. Ali percebi que havia perdido a nacionalidade, perdido tudo, no aspecto psicológico da história. No início, você viaja para contar aos amigos, à família, quer registrar tudo. Depois de andar um ano tem tanto acúmulo de memória que começa a se perder nisso; a coisa é tão avassaladora que esquece essa história de contar para os outros. Então, já não tem esse objetivo a viagem. E agora, de onde vim? Por que é que eu fiz isso?

Um dia, lendo o *Nepal Times*, uma notícia: a rota da seda abriu depois de 600 anos fechada. A rota da seda, a famosa "Silk Road", que passava dos Himalaias até a China abriu. Vamos lá? Voltamos pra Índia, passamos na fronteira do Paquistão, pegamos a Kombi de novo, e seguimos viagem na direção da China Mas depois de algum tempo, fomos ouvindo muitas conversas de gente mandada para trás. E aí, decidimos finalmente abandonar, antes dos Himalaias, a nossa Kombi, aos cuidados da alfândega. E ela deve estar lá até hoje, porque nunca mais voltamos pra recuperá-la. Fomos de ônibus, olhando aquela paisagem incrível, os picos das maiores montanhas do mundo ao nosso lado, a cordilheira do Korakoram. Conhecemos gente maravilhosa. Deixei as minhas meias quentes de lã da Suíça com um velhinho que vivia a 6.500 metros, numa cabana com as cabras, não tinha sapatos, nem meias, nem nada. Eles andam com pés descalços no gelo, a temperaturas negativas. E assim a gente chegou na China. A primeira vez em 600 anos que se abria a rota.

Macau fica na China, mas ainda estava longe. Via aérea são uns 4.500 quilômetros, dava para atravessar o Brasil de uma ponta a outra. Por terra, era uma distância considerável. E no meio disso, dois desertos enormes, o Taklamankan, que, traduzindo, quer dizer "você entra e nunca mais sai", e o de Gobi, que faz fronteira com a Rússia e a Mongólia. Entre os dois, o planalto do Tibete. Chegamos ao Tibete, dali pegamos um ônibus na direção da Mongólia e descemos até o sul da China para chegar em Macau.

Muitos pensam que passei essa viagem fotografando sem parar. Foi muito pouco. Eu não tinha dinheiro para comprar rolo, que ironia. Nessa época eu ainda não tinha aceitado que era fotógrafo. Fiz treze filmes em 22 meses, não dava nem um por mês.

Os portugueses chegavam a Macau por mar, pelo sul, por Malaca, e é provável – e essa é uma vaidade minha – que nós tenhamos sido os primeiros portugueses a chegar por terra até as Portas do Cerco, que é a fronteira entre Macau e a China. Nessa época, ainda era território português. Chegamos completamente selvagens, com vinte e muitos meses de viagem e vida natural. Parece outra reencarnação. Parávamos atônitos para olhar os chineses superimpecáveis, as meninas maquiadas, tudo limpinho, direitinho, e nós fora do lugar, não só as nossas ideias como a nossa roupa, comparadas àquela retidão do sul da China desenvolvida.

Fomos parar num hotelzinho barato de mochileiros junto ao porto, porque desses 3.500 dólares esticados, chegamos a Macau com 50 dólares no bolso, e com esses 50 dólares sobrevivemos duas semanas até encontrar trabalho, que na altura não era difícil com as nossas habilitações. A Sofia começou no Arquivo Histórico e eu num Centro de apoio pedagógico e didático. Em Macau nasceram nossos dois filhos, o Eloi e a Sásquia. Ali ficamos doze anos. Fizemos uma vida, uma carreira. A Sofia como jornalista na televisão e eu como fotógrafo. É a nossa pequena pátria.

Ainda teria muito para contar. Das viagens que fizemos com nossos filhos, da volta ao mundo que fizemos juntos, dos trinta e tantos países que conhecemos com eles. Acho que viajo mesmo é para contar histórias depois.

E agora, depois de seis anos de Brasil, fazemos a mala, sem dizer adeus a ninguém. Só dizemos, até já. Daqui a pouco estaremos de volta. Afinal, o mundo é a nossa casa.

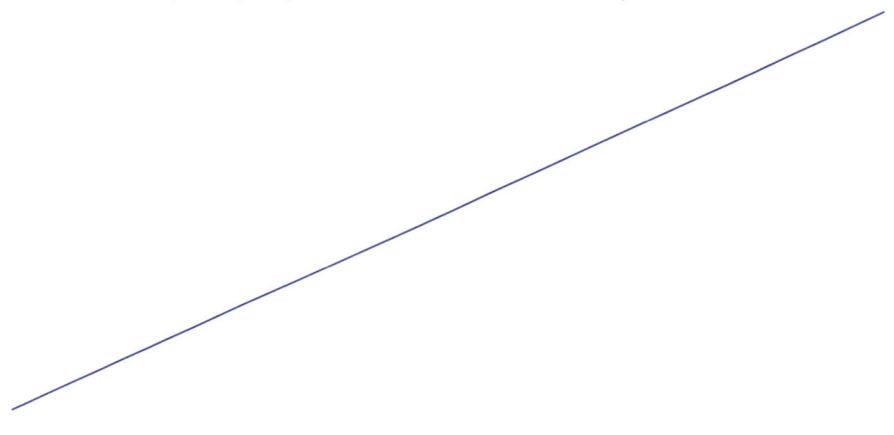

RAÍ DE OLIVEIRA

POR CARLOS ALBERTO CÂNDIDO

GUIOMUNDO, MAS PODE CHAMAR DE RAÍ

Sujeito de sorte, esse Raí. Podia se chamar Guiomundo, afinal, seu pai, Raimundo, gostava de juntar sílabas do seu nome e do nome da mulher, Guiomar, para formar os nomes dos filhos. Já tinha posto o nome Raimar em um quando dona Guiomar deu um basta naquela excentricidade. Sujeito de sorte, o Raí: dos dez filhos da sua mãe, quatro morreram; ele, o último, sobreviveu, cresceu – muito, inclusive: 1,89 m –, virou atleta, craque, famoso. Sujeito de sorte mesmo: podia ser feio como seu irmão mais velho, o extrovertido Sócrates, e, embora tímido – é ele quem diz –, acabou galã – são elas que dizem.

E dizem os sábios que não há sorte sem merecimento. Raí, além do trato refinado à bola, tem em comum com o outro craque da família o caráter, ao que parece a maior herança deixada por seu Raimundo. Eles bem que podiam se chamar "os filhos do Raimundo", embora este fosse ruim de bola. Dois irmãos foram profissionais, mas todos jogavam bem, exceto Sófocles, que por isso, é claro, foi parar no gol. Família grande tem essa vantagem: dá pra fazer time completo.

É sorte ter bons pais, é sorte ter muitos irmãos, é uma felicidade crescer numa casa com muito espaço, sempre repleta de gente, familiares vindos do interior, muitos amigos. Gente entrando e saindo, mesa repleta e comida farta, conversa na varanda, depois do jantar. Futebol no campinho perto de casa e boa escola. Quem cresce assim tem muita chance de ser feliz e de proporcionar felicidade aos outros.

Herança, porém, é coisa que muitos põem fora. O que se recebe no lar é preciso depois ser construído, quando a casa da gente passa a ser o mundo e uma multidão de desconhecidos substitui a família e os amigos. Ainda mais para quem fica famoso. Para quem, ao encerrar uma carreira de sucesso, sempre breve no futebol, tem de encontrar outro rumo e levar vida equilibrada. Raí fez mais que isso: ajuda crianças e adolescentes a também descobrirem seu rumo com equilíbrio.

Homem de caráter e de sorte, esse Raí tem um grave defeito: não jogou no meu Galo, não deu à massa o orgulho de mais um título nacional, como Telê nos deu, em 1971. O mesmo Telê, que de tanto exigir dedicação e treinamento, fez de Raí um craque completo, como poucas vezes se viu. Confesso que, mesmo odiando o tricolor paulista, que nos "roubou" o título de 1977, torci sinceramente pelo time de Telê e Raí. De certa forma, a conquista do Mundial de Clubes, em 1992, foi como se Telê, Cerezzo e Sócrates – Raí, afinal, era Sócrates! – tivessem, enfim, conquistado a Copa do Mundo de 1982, com o mesmo futebol refinado, mais, digamos, "competitivo", e com um pouco de sorte...

A sorte que faltou em 82, a sorte do Raí. Homem de sorte esse Raí, que pôde dar ao irmão a alegria que merecia ter tido e lhe faltou. Que cresceu cercado de homens, que lhe serviram de referência, e vai envelhecer cercado de mulheres – três filhas e uma neta – que lhe dão amor. Sinceramente, com tamanha sorte podia até se chamar Guiomundo.

Carlos Alberto Cândido é jornalista, vencedor do concurso cultural Você Escritor, que selecionou a melhor crônica para apresentar a história de Raí.

RAÍ

NASCEU EM 1965, EM RIBEIRÃO PRETO, SÃO PAULO

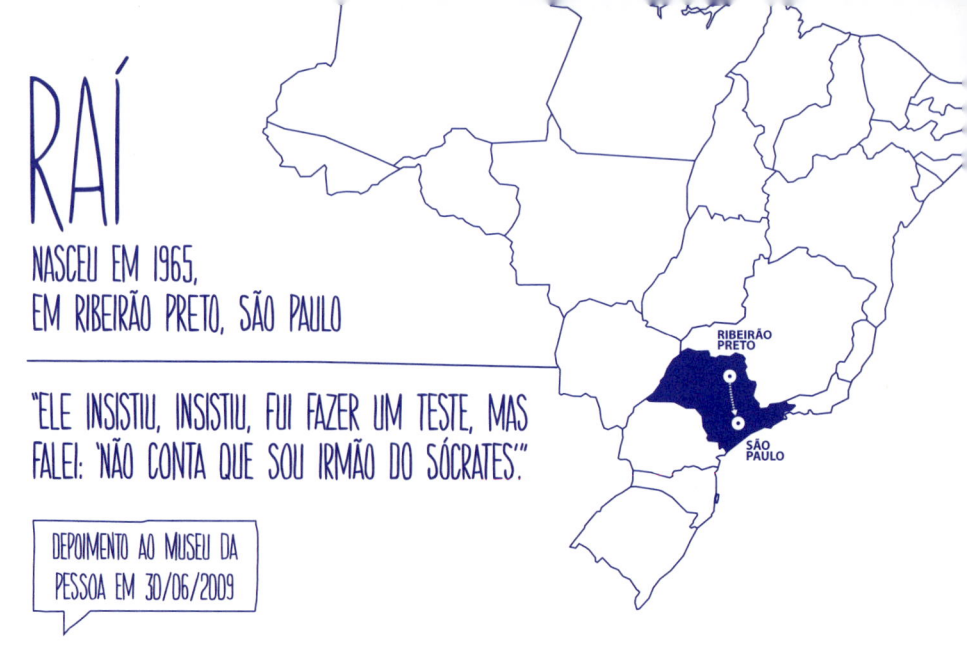

"ELE INSISTIU, INSISTIU, FUI FAZER UM TESTE, MAS FALEI: 'NÃO CONTA QUE SOU IRMÃO DO SÓCRATES'."

DEPOIMENTO AO MUSEU DA PESSOA EM 30/06/2009

Meu nome é Raí Souza Vieira de Oliveira, nasci em Ribeirão Preto, interior de São Paulo, no dia 15 de maio de 1965. Meu pai chamava-se Raimundo Vieira de Oliveira e faleceu em 2005, e minha mãe é Guiomar Souza Vieira de Oliveira, ainda mora em Ribeirão. E é a história da minha família que vou contar.

O meu irmão Sóstenes deve saber muito mais, porque dos seis filhos sou o último, então só ia pegando a história de orelhada, mas sei que meu pai é de Messejana, na época uma cidadezinha, hoje um bairro de Fortaleza. E minha mãe é de Belém do Pará. Meu pai passou em um concurso público e foi trabalhar em Belém, com quase 30 anos; na época era raro ser solteiro nessa idade, e minha mãe também tinha mais de 30 anos. Lá eles se conheceram. Meu pai tem uma história bem interessante. Era autodidata, parou de estudar cedo, mas os concursos públicos não exigiam diploma. Ele lia muito, era inteligente, e acho que foi para Belém em um concurso do Correio. A maneira de subir na vida, ter oportunidades, era pelo estudo. Uma boa saída eram os concursos, e ele tinha facilidade.

Então ele foi fazendo vários concursos, entrou como fiscal de imposto de renda e passou num concurso federal, um cargo mais importante na hierarquia, e podia escolher para onde ir. Foi transferido para o Sudeste. Escolheu Ribeirão Preto porque alguns amigos moravam lá, amigos do Nordeste. E também pelo clima, que era bem parecido.

Minha mãe ficou grávida dez vezes em onze anos. Ela teve seis filhos e perdeu quatro; quatro abortos naturais. São seis homens: Sócrates, Sóstenes, Sófocles, Raimundo,

Raimar e eu, o sexto e último. Meu pai gostava muito de ler. Ele teve a fase do Freud, depois de aprender inglês. Era horrível o inglês dele, inglês de autodidata. Mas me lembro que ele ficava citando Freud, depois Napoleão. Depois foi estudar filosofia antiga e se encantou com os personagens e com os nomes. Nordestino tem mania de inventar nome. Viu um nome inventado e bom, diferente, colocou, gostou..., e assim a coisa ia. Mas segundo conta a história da família, minha mãe falou: "Eu não aguento mais, não consigo mais chamar meus filhos. Vamos parar com essa palhaçada!" A paraense... Ela ficava ali e parecia submissa, mas quando gritava, ele respeitava. E aí ele mudou e botou nome de Raimundo, o nome dele, no quarto, que ficou Raimundo Filho. Depois veio o Raimar, meu pai continuou inventando, dessa vez com a mistura de Raimundo com Guiomar, e Raí, que é o princípio de Raimundo. Eu gostei, acho que dei sorte nessa invenção toda, porque podia ter sobrado um bem pior. Alguns amigos falam que se seguisse a lógica do Raimar, eu deveria ser o Guiomundo... Imagine, Guiomundo?! A carreira tinha acabado, o futebol acabava ali, ninguém consegue vencer com um nome desses...

ANTES DE EU NASCER, MEU PAI JÁ ESTAVA MELHOR DE VIDA. ELE COMPROU UM TERRENO AFASTADO E CONSTRUIU, TIJOLO POR TIJOLO, A CASA ONDE MINHA MÃE MORA ATÉ HOJE.

Uma casa ampla, planejada, com quartos dos filhos e quarto de visitas, pois sempre vinham parentes. E eu nasci nessa casa. Ela era parte deles, pela dificuldade que foi construir e tudo o mais. A sensação que tenho é, no sentido mais profundo e amplo da palavra, de que era um lar.

A diferença de idade para o meu irmão mais velho, o Sócrates, é de 11 anos. Eu tinha 5 anos e o Sócrates 16. Ele estava começando a se destacar no futebol, entrou na faculdade de Medicina e logo vieram os outros, que também foram para a faculdade. O Sóstenes foi estudar em São Carlos e o Sófocles em Brasília. Meu pai tinha que gerar mais renda, viajava muito para ganhar as diárias. E ele economizava as diárias para manter os filhos estudando. A presença dele era muito forte. Quando estava em casa, passava o dia trabalhando. À noite ficava com os filhos, jantávamos juntos, tínhamos jantares grandes nos fins de semana. Às onze horas da noite ele ia para o escritório, e ficava lendo até duas da manhã.

Então, os amigos iam muito lá em casa, meu pai sempre gostou de receber. Há uma varanda, e sempre depois do jantar aparecia alguém. Muita conversa, histórias. Meu pai e minha mãe ajudavam as próprias famílias, ambas de origem muito pobre. Sempre vinham parentes e ficavam uma temporada, uns dois anos, trabalhavam, estudavam, saíam, vinham outros. Uma prima mais velha morou e ajudou a cuidar dos filhos, estudou e se formou enfermeira, quase como outra filha. Alguns primos passaram por lá. Ou seja, sempre havia os agregados.

A gente brincava muito. Nossa, minha mãe ficava louca! Era todo tipo de bola dentro de casa, futebol, basquete. Depois íamos brincar na rua mesmo, havia poucas casas por ali, e tinha um terreno que virou nosso campinho. Todos os filhos eram atléticos, altos, então era fácil ter os esportes coletivos. Meu pai era ruim, jogava mal, e a gente brinca que minha mãe devia jogar muito bem, devia bater um bolão! Porque no futebol, dos seis, cinco jogam e dois foram profissionais. O que não jogava bem futebol era o Sófocles. Ele é canhoto, cabelos castanho-claros; ele é o diferente. Então, acabava ficando no gol. Aí ele cansou e foi jogar tênis, e é muito bom no tênis.

Minha mãe sempre foi "mãezona" mesmo, e tenho a imagem de uma coisa supertrabalhosa para ela, que foi a nossa criação. Meu pai era meio machista. Tivemos uma criação machista, de não ajudar muito em casa. No almoço era aquela loucura, todos grandes, comendo muito, e minha mãe tinha essa preocupação em fazer a comida mais saudável possível, mas imagina fazer suco pra todo mundo? Tinha de ter aqueles espremedores industriais de laranja para dar conta. Quando a gente cresceu um pouco, já se tocava em ajudar minha mãe.

Eram muito gostosos e trabalhosos aqueles almoços, sempre muita gente, muita brincadeira. Terminávamos de comer, tirava-se tudo da mesa e ficávamos jogando pingue-pongue. Estudei na mesma escola, do pré-primário ao ensino médio, o terceiro colegial, que foi o Colégio Marista. Tenho uma lembrança muito boa. Em uma época quatro irmãos estudavam lá. Minha mãe era sempre festejada, a que tinha mais filhos na escola. Tinha o prêmio de Mãe Marista, ela ganhava. A escola incentivava os esportes e a música. O Sóstenes é o bom de música, o que tem o dom e compõe. O Raimar tocava percussão, bumbo, surdo, ele era o fortão. Eu cheguei a tocar corneta na banda da escola.

Fiz amizades que foram marcantes, e com alguns tenho contato até hoje. Aqueles amigos de fazer pacto de amizade. O Vitor, o Everson, o Marcelo. O Everson é sócio do meu irmão, Raimar. O Marcelo é mais fechado, mas é "aquele" irmão. A diversão deles era tirar sarro de mim, porque sempre fui muito tímido, excessivamente tímido. A diversão era me deixar sem graça, e ficavam morrendo de rir. Nossa vida era escola, clube e rua, e um na casa do outro, convivemos muito tempo. Meus amigos eram os galãs, e eu o tímido. Aí pegava carona nas paqueras deles, né? Afinal, andava com a turma dos bonitões...

Em relação à amizade com os irmãos, houve fases. Tinha mais contato, mais afinidade, com o Sóstenes, o Raimundo e o Raimar, que era o mais próximo. Pelo Sóstenes sempre tive aquela admiração. Como o Sócrates saiu cedo, virou a referência de irmão mais velho. O Raimar foi sempre o parceirão. São dois, quase três anos de diferença, e ele sempre foi o meu ídolo. Ele jogava basquete e eu o admirava. Até hoje é assim, temos muita coisa juntos. O Sófocles e o Sóstenes fizeram Engenharia. O Raimundo e o Sócrates fizeram Medicina, o Raimar fez Direito, mas nunca exerceu, sempre foi ligado ao esporte. O Sócrates começou a fazer sucesso jogando pelo Botafogo de Ribeirão Preto, com 21 anos; eu tinha 10 anos. Na cidade começaram os comentários de que ele poderia ir para um time grande, e com 23 ele já estava sendo cogitado. Aí, quando veio para o Corinthians explodiu mesmo.

Por ser tímido e inseguro, adorava o futebol, porque eu era bem acima da média. As pessoas me requisitavam, me valorizavam sem precisar falar, ou precisar me expressar. Fazia com a bola. Talvez não pareça, mas sempre fui muito competitivo, sofria muito quando perdia. Então, essas duas coisas me influenciaram bastante: o prazer de jogar, de brincar com bola, e o espírito de competição, que despertou bem cedo e guiou a minha carreira. Sempre tive muito prazer em estar com a bola. Acho que colocava meu lado agressivo no futebol. Sou uma pessoa muito pacífica, muito calma, mas todo mundo tem um lado... E descarregava no esporte, que me completava muito. Era tímido e conseguia fazer sucesso no futebol. No futebol podia trombar, chutar, isso estava dentro da regra.

Eu jogava muito na rua, mais pelo prazer, não pensava em ser profissional, não tinha essa meta. Quando eu tinha 14 anos, um amigo, que jogava comigo na rua e também no Botafogo, falou: "Putz, você joga bem, vamos um dia lá". Era o Renatinho. Ele insistiu, insistiu, fui fazer um teste, mas falei: "Não conta que sou irmão do Sócrates". Tinha aquela coisa do orgulho, não sei se ele contou. Fiz o teste, comecei a treinar, mas era muita molecagem. Meus pais ouviam: "Esse também vai ser jogador!", mas não davam muita bola. E nem eu.

Depois tudo aconteceu muito rápido: joguei no Botafogo, fui para o São Paulo, onde fui campeão mundial interclubes, passei pelo Paris Saint-Germain, e com a seleção brasileira ganhamos a Copa do Mundo em 94. Depois criei a Fundação Gol de Letra, que trabalha a educação de crianças e jovens. Mas isso é uma outra história.

ROBERTO DA SILVA

POR JOÃO ROBERTO RIPPER

PARALELOS

Contemos histórias, porque ninguém tem uma só história. É assim a história do Roberto e também as de dona Olga e Sr. João. Em comum, os três foram vítimas de estereótipos, de uma história míope contada sobre os territórios onde moravam. De tanto ser repetida, essa história tornou-se a única verdade desses espaços, a única história conhecida, tanto por eles, como sobre eles.

Moradores de espaços populares, muitas vezes, têm que arrancar as máscaras com que foram pintados diante da sociedade para reconhecer seus rostos bonitos, suas vidas e sonhos e belezas diferentes de tudo o que viram e escutaram sobre si mesmos e seus vizinhos. Roberto cresceu na Febem, sem saber de sua família, viveu nas ruas, foi preso. Quando estava preso, foi estudar, e estudou o que mais lhe foi negado: o Direito, com suas histórias e leis. Foi autodidata e se tornou uma exceção às regras da história. Por transformar a vida de tantos outros filhos dos estereótipos como ele, virou um empreendedor social premiado.

Lendo as histórias de Roberto, lembrei de João e Olga e suas histórias de amor e coragem que escutei ao fotografá-los em Ribas do Rio Pardo, Mato Grosso do Sul, em 1998. Os três têm em comum uma deliciosa teimosia de não desistir e uma misteriosa força de não perder a alegria, talvez embalados pelos sonhos e pela fantasia de serem felizes.

João Anselmo é motoqueiro, cortador de pinus e eucaliptos para carvoarias; trabalha com a motosserra. Mas já fez de tudo na roça como trabalhador rural sem terra. Quando o conheci, tinha 51 anos, corpo forte e porte físico elegante, mas já marcado pelo tempo e pelo trabalho pesado. Sua companheira, Olga Maria Martins, de 67 anos, ficou cega trabalhando nas carvoarias ao seu lado. Aparenta ser bem mais velha do que é e depende do marido até para preparar a comida.

Trabalhadores como João são sempre levados para derrubar árvores ou roçar pasto em lugares distantes, e sempre escutam as mesmas promessas dos fazendeiros e empreiteiros: trabalho e salário decentes.

Olga e João estavam escravizados e moravam num barraco muito pobre, sem saneamento nem água potável. Há seis anos não recebiam dinheiro e trabalhavam em troca de comida. Olga parecia uma velhinha; quem a visse tateando por seu barraco se surpreenderia ao escutar suas histórias. Ela sempre foi acostumada a obedecer o marido e trabalhar muito e me contou que no seu casamento anterior a vida era assim. Depois do quarto filho, o marido a abandonou e, mais tarde, ela soube que ele tinha morrido. Ela conseguiu que os quatro filhos estudassem e hoje estão todos casados.

Olga deve ter sido uma mulher conhecedora de suas belezas e, depois de criar os filhos, resolveu ser feliz também. Foi viver a vida, viver aventuras... e se apaixonou por João, que era mais novo, bom e bonito. "Trabalhamos e namoramos por essas carvoarias", me disse ela.

Olhando esse casal, se percebe como a exploração nas carvoarias passa como um trator por cima das vidas e transforma histórias de amor em tragédia. João me disse que tem muito tempo que trabalha de empreita. "Já perdi a conta de quantos empreiteiros não me pagaram." João trabalhou para Jerônimo, Heleno e Reinaldo; não recebeu nada de nenhum deles. Fazia quase sete anos que vinha trabalhando com Olga em troca de comida. Nunca tinham saldo de dinheiro. Sempre a mesma história: eles sempre estavam devendo.

Olga foi uma mulher guerreira e sedutora; quando fala, suas histórias renascem dos lábios marcados pela dor, mas ainda carregados de uma fé quase impossível, talvez recordando as histórias das paixões que viveu com João. João disse que achava que o sonho de ter uma casinha pequena nunca mais ia se realizar mas Olga bateu no seu ombro, encostou a cabeça nele e disse: "Vamos sim, João, vamos conseguir sim". Olga e João são almas teimosas apesar dos corpos castigados. Ficaram os sonhos e as histórias... Está aí o Roberto para provar que vale a pena persistir.

João Roberto Ripper é fotógrafo dedicado a temas sociais, à frente da agência Imagens Humanas.

ROBERTO

NASCEU EM 1957,
EM GARÇA, SÃO PAULO

"MEU TRABALHO CONSISTIU EM INVESTIGAR JUSTAMENTE ISSO: O QUE DEU ERRADO NA NOSSA VIDA? POR OBRA DE QUEM?"

DEPOIMENTO AO MUSEU DA PESSOA EM 21/06/2001

Meu nome é Roberto da Silva. Todos os outros dados da minha biografia são originários do que chamo "história oficial", porque os extraí de processos judiciais e de prontuários administrativos. Tenho três datas e três possíveis cidades de nascimento. Os dados da minha biografia são os que o Estado definiu oficialmente para mim: Roberto da Silva, nascido em Garça, São Paulo, em 31 de agosto de 1957.

Meus pais moravam em São José dos Campos, e com a separação do casal minha mãe foi com os filhos para São Paulo em busca de auxílio. Depois de quatro meses vivendo com as crianças na rua, foi atendida e o juiz entendeu que a família estava tão maltrapilha e debilitada que fez a internação da mãe num hospital psiquiátrico e dos quatro filhos em abrigos que atendiam até os 18 anos de idade. O Reis com seis meses, Maria Aparecida com 1 ano, eu com 2 e o Flávio com 4 anos de idade. Os quatro foram separados, cresceram sem se conhecer, sem saber que eram irmãos, quem eram os pais. A mãe ainda tentou viajar por diversas cidades a procura dos filhos, sem sucesso. O Flávio foi dado em adoção para uma família italiana e perdemos seus rastros. Nunca foi possível localizar o pai e a mãe, sequer saber se estão ou não vivos.

Minha primeira lembrança é aos 7 anos de idade, quando minha mãe me localizou em Sorocaba. Estava num galpão com mais umas 150 crianças. Não tinha ideia do que era mãe, irmãos ou família, pois vivia no meio de meninos, policiais militares e funcionários que cuidavam de nós. Quando alguém me apresentou uma senhora como a minha mãe, eu tomei um susto, saí correndo pro meio do mato, me escondi. Nunca mais vi minha mãe e nunca mais a localizei.

Fiquei até os 17 anos na Febem, passando por diversas unidades: Pacaembu – onde era a creche –, Sorocaba, Tatuapé, Mogi das Cruzes – a unidade de infratores da época, o temido RPM, pra onde fui transferido por questões disciplinares. Com 17 anos fui mandado embora da Febem. De manhã trabalhava no Juizado de Menores, à tarde arranjei um emprego por conta própria, de *office boy*, em um escritório de engenharia nos Jardins. Dormia e estudava na Febem. Os assistentes sociais acharam que com dois salários já teria condições de me sustentar. Simplesmente me mandaram embora e fui morar em uma pensão.

EU NÃO SABIA ADMINISTRAR DINHEIRO, NÃO SABIA AS COISAS PRÓPRIAS DE UM ADOLESCENTE – CUIDAR DO MATERIAL DE ESCOLA, ROUPA, COMIDA, HORÁRIOS. EU NÃO TINHA ESSA CULTURA. SEMPRE VIVI PRESO, DURANTE A VIDA TODA, E DEPENDENTE DO ESTADO.

Vários meninos da Febem trabalhavam em repartições públicas no centro da cidade. A gente se reunia e ia explorar a cidade. Eu tinha uma visão muito rural, fui criado em fazendas, cuidando de animal, de terra, de plantas. E as bagunças que fazíamos naquela época eram ligadas ao ambiente rural. De repente, conheci meninos familiarizados com a cultura do asfalto, o hábito de crianças e adolescentes andarem armados. Todas as ações eram em grupo, e isso era novidade. Quando foi reformada a Praça da Sé, fomos dos primeiros grupos a inaugurar aquele chafariz, tomar banho lá. O espelho d'água em cima do metrô era um negócio muito bonito. Em 1976 foi a inauguração da primeira linha do metrô. Embarcamos para fazer a primeira viagem. Andávamos muito pelo centro.

Três meses foram suficientes para mostrar que era muito difícil administrar tudo. A dona da pensão confiscou minha roupa, minhas coisas, tive que passar a morar nas ruas pelos quatro anos seguintes. Já conhecia os meninos da rua, todos saídos ou fugidos da Febem. De 12, 15, 16 anos. Em função do emprego dos Jardins, conhecia as casas vazias, onde dava para dormir. O Ibirapuera tinha um espaço imenso a explorar, jogar bola, fumar maconha, roubar toca-fitas; mas quando escurecia tinha que ir para onde tinha vida – o centro da cidade. Passávamos as noites e todas as madrugadas no centro, porque para nós era a segurança contra a polícia e a violência. Nos Jardins qualquer pessoa estranha é facilmente percebida e perseguida. Eles têm técnicas de limpeza pública, em que se faz todo o esforço para tirar essas crianças do cenário; mas no centro, não. Ainda havia a rodoviária antiga ali. Fervilhava de gente. Para nós, estar diante das luzes, no meio de gente e em movimentação era questão de sobrevivência.

Boca do Lixo é o quadrilátero das avenidas São João, Cásper Líbero, Duque de Caxias e Ipiranga. Boca do Luxo era a região da Rego Freitas, as boates da Major Sertório. Na Boca do Lixo se faziam os trambiques; na Boca do Luxo se viviam romances e amores. Joias, toca-fitas, documento, cheque, tudo que se conseguia nos outros bairros era levado para lá. Aí, quando tinha dinheiro, ia pra Boca do Luxo. Éramos moleques e tínhamos amizade com os leões de chácara, dançarinas e garçons. Sempre conseguíamos entrar nas boates de luxo. Isso era uma fascinação.

Quando queria dormir, voltava para o Parque do Ibirapuera. Nessa época não trabalhava mais, ficava o dia inteiro na rua. Havia a tradição da entrega em domicílio. De manhã cedo, entre 4h e 6h, os leiteiros e padeiros entregavam pão, leite, jornal e revista nas casas e nas pequenas mercearias do bairro. Os caminhões do Ceasa depositavam tudo nas portas, antes mesmo de o comércio abrir: essa era a nossa primeira refeição do dia. Depois, durante o dia, tinha que me virar.

Dos 17 aos 19 anos talvez tenha ido mais de cinquenta vezes para delegacias. Por "vadiagem", como a polícia chamava, por estar junto com outros meninos ou cometendo pequenos delitos. Pela minha aparência, sempre passava por menor de idade.

A POLÍCIA DAVA UM ESCULACHO, UM CACETE, PUNHA NO PAU-DE-ARARA E SOLTAVA. MAS DEPOIS, COM 19 ANOS, NÃO TINHA MAIS COMO PASSAR POR ADOLESCENTE, ME MANDARAM PELA PRIMEIRA VEZ PARA A CADEIA.

Fui uma vez, saí, voltei pras ruas. Segunda vez, voltava pras ruas. Não tinha pra onde ir. Até que uma terceira vez fui e tive que ficar 7 anos. Depois de passar por tantos distritos policiais, ser tão esculachado pela polícia, sofrer tantas humilhações, havia adquirido tuberculose, a chamada tuberculose óssea, e estava condenado a 18 anos de prisão, dos quais cumpri sete. Dentro da prisão reencontrei minha geração de meninos de abrigos, condenados, imersos na criminalidade, completamente entregues ao destino que o Estado traçou para eles, totalmente sem esperanças. Saí e depois de um tempo fui estudar. Lá dentro estudei, como autodidata, Direito Penal, Direito Constitucional, mas regularmente só fui estudar depois, muito tempo depois de ter saído.

Meu desafio era resgatar a história de vida pessoal, minha identidade. Quando fiquei o período mais longo na Casa de Detenção encontrei quase todos os meninos que haviam sido criados comigo na Febem, alguns tinham entrado ainda como bebês. Isso me deu a certeza de que todos nós tínhamos uma história em comum, e que se alguma coisa havia dado errado na vida, não era só por responsabilidade nossa. E o meu trabalho consistiu em investigar justamente isso: o que deu errado na nossa vida? Por obra de quem?

Fugido de São Paulo, para escapar das perseguições, fui viver no meio de comunidades negras na Bahia, e depois em comunidades indígenas no Mato Grosso, sempre em busca de minhas origens. Em Mato Grosso fiz o supletivo, me graduei em Pedagogia e montei um projeto de pesquisa que me permitisse voltar a São Paulo para retomar as questões existenciais como pesquisador.

Meu projeto de mestrado foi aprovado na USP e me abriu um campo novo de trabalho. Podia dialogar com as autoridades e com os órgãos públicos sob uma nova perspectiva. Não era mais o ex-interno da Febem, ex-menino de rua, ex-presidiário. Agora era um pesquisador, que tinha acesso a esses órgãos de maneira legítima, com autorização.

Voltei aos arquivos públicos como mestrando da USP. Fui a diversos órgãos públicos levantar informações a meu respeito, saber quem era meu pai, quem era minha mãe, meus irmãos, eventualmente por onde andavam, e assim por diante. Mas também me interessei muito pela história daqueles outros meninos que encontrei dentro da prisão. Neles localizei meus processos e prontuários. Além de dois irmãos e o que foi dado em adoção, localizei sessenta grupos de irmãos que foram separados nas mesmas circunstâncias. O Estado brasileiro destruiu famílias, escravizou, confiscou e matou seus filhos, tornou órfãos e abandonados em criminosos. Dentro de suas próprias entranhas produz e reproduz a marginalidade social?

Quando encontrei na prisão os meninos que haviam sido criados comigo em abrigos despertou em mim a indignação. "Não, não pode ser assim. Nós éramos crianças, nos conhecemos por apelidos, sabemos quem é quem. Você sabe que não sou criminoso, e sei que vocês não são criminosos. Por que a gente tem que se sujeitar a esse tipo de vida?" Quer dizer, estamos sendo vítimas de alguma coisa sobre a qual a nossa parcela de responsabilidade é pequena. Tínhamos que fazer algum esforço para entender o que aconteceu na nossa vida que nos reduziu a essa condição de miserabilidade, e encontrar os caminhos para sair disso. Poucos conseguem sair, pois é um círculo vicioso brutal, que reduz a pessoa à condição de impotência, e sair daí é extremamente complicado.

Dentro da prisão comecei a criar as chamadas Comissões de Presos, no final do regime militar, em 79, 80, 81. Qualquer espécie de organização de presos sempre era malvista pelas autoridades. Nessa época estava nascendo o Comando Vermelho no Rio de Janeiro, fruto de relação entre presos políticos e presos comuns. A tentativa de criar isso dentro de São Paulo teve grande repercussão. Comissões foram criadas em diversas penitenciárias e, quando quis legitimar essas organizações, com estatuto, diretoria e registro em cartório, o Poder Judiciário caiu de pau em cima de mim. Esse episódio ficou conhecido como Serpentes Negras, a origem das facções nas prisões. O Tribunal de Justiça me acusava de querer criar um sindicato do crime em São Paulo. Aí comecei a trabalhar para criar essas organizações fora da prisão. Dez anos depois, em 99, criei a História do Presente.

Esta ONG nasceu com uma missão que tinha começo, meio e fim. Com ela criamos e ajudamos a implantar 21 centros de ressocialização em São Paulo, prisões modelo, administradas em parceria entre Estado e sociedade civil. Foi nossa demonstração pública de que é possível ter uma prisão humana, e com essa experiência ganhamos o Prêmio Empreendedor Social Ashoka/Mackinsey 2000 e me tornei *fellow* da Ashoka: um orgulho!

A Câmara Municipal me concedeu o título de Cidadão Paulistano e o Unicef o título de Cidadão do Mundo. Hoje não importa mais se nasci em Garça, Santos, São José dos Campos, sou Cidadão Paulistano e Cidadão do Mundo. Minha questão de cidadania está resolvida!

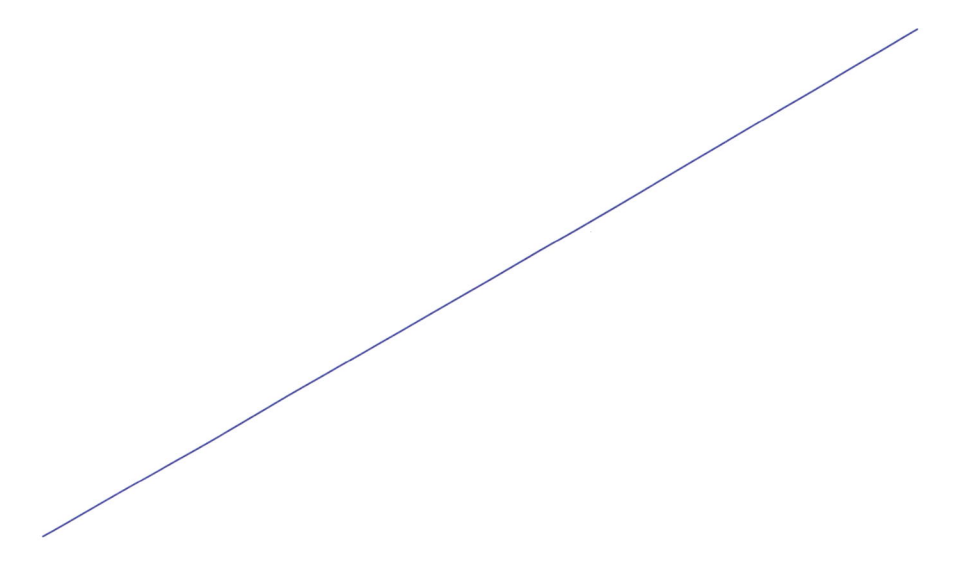

MARIA DE LOURDES SAMPAIO

POR ELIANE BRUM

CONVERSA NO RIO DE LOURDES

Como começa?
Minha mãe filhou.
Filhou o quê?
Filhou uma Maria.
Como foi?
Ela se deitou na beira do rio. Sem marido, sem casamento, sem porquês. Minha mãe se deitou só no feminino. Só águas.
E quando se levantou?
Tinha Maria de Lourdes. E tinha mais alguma coisa.
O quê?
Uma soma. Mas também um menos.
Menos?
Não tinha mais a vó, que não gostou de a mãe se deitar sem masculino registrado.
Mas quem entrou pelas pernas da sua mãe, o boto?
Não. Era um que o rio levou, não um que voltou pro rio. O rio levou como nome, não como carne, por isso eu nunca soube.
Fez falta?
Fez não.
E que rio era esse?
Os nomes não importam, importa o rio.
E o que aconteceu depois?
Minha mãe filhou mais sete na beirada.
Sua mãe era uma amazona?
Minha mãe é Amazônia.
E Maria?
Maria é eu.

E Lourdes?
Sou eu distinguida.
Do que a Lourdes gosta?
Lourdes gosta de barcar.
Barcar?
Há mulheres, como a minha mãe, que o rio leva. E há mulheres, como Lourdes, que levam o rio.
E para onde Lourdes levou o rio?
Lourdes barcou pra onde a visagem anunciava ouro.
Visagem?
Um morto que não se enterrou direito.
E o que ele sabe?
Sabe coisas do mundo de lá, mas só pode contar do daqui.
E tinha ouro?
Lourdes não pôde saber.
Por que não?
Porque se enganou com homem.
Que homem?
Se eu disser ele vai ficar se dizendo.
Como assim?
Assim mesmo.
E Lourdes se enganou como?
Pensou que o homem ia barcar, mas ele ficou parado.
E Lourdes?
Virou movimento parado no meio.
Do caminho?
Rio não tem caminho. Rio é.
O que Lourdes fez?
Filhou dez.
E depois?
Continuou a barcar.
Para onde?
Quem quer saber?
Eu.
Você não sabe é nada.

E o que Lourdes sabe que eu não sei?
Lourdes sabe que barcar é verbo sem onde.
E o que vai fazer com esse saber?
Lourdes não tem precisão de fazer, Lourdes só sabe.
Que mais Lourdes sabe?
Lourdes sabe contar.
Conta de números?
No começo, sim. Depois não.
O que mudou?
Lourdes achava que se soubesse fazer conta teria uma outra conta.
E não deu certo?
Deu, mas não deu.
Como assim?
É que Lourdes pensava que o importante era ser contada.
E não é?
É muita dependência.
Por quê?
Porque o melhor é Lourdes mesmo se contar.
Mas agora sou eu que estou contando Lourdes.
Só porque Lourdes se contou antes.
No museu?
No rio.
E por que se contou?
Para filhar de outro jeito.
Então me despeço, porque sobrei em palavras, que é um jeito triste de sobrar.
Só não esquece.
Do quê?
Que o adeus não é o fim da história.
Não?
É só um começo ao contrário.

Eliane Brum é escritora e jornalista, com mais de quarenta prêmios de reportagem.

LOURDES

NASCEU EM 1949,
EM INHAMUNDÁ, AMAZONAS

"QUANDO FOI NA OUTRA NOITE, DE NOVO, JÁ ERA
MAIS DE MEIA-NOITE, DE NOVO, AQUELA VOZ."

DEPOIMENTO AO MUSEU DA
PESSOA EM 17/04/2010

Meu nome é Maria de Lourdes Pimentel Sampaio. Sou amazonense. Nasci no interior do Corocoró, na comunidade, em 1949. Minha mãe era mulher solteira: engravidou, a vovó não sabia de nada. E foi crescendo a barriguinha, foi crescendo. A vovó expulsou ela de casa e mamãe foi parar na beira de um lago. Era um barracão onde criavam bode, carneiro. Ela ficou lá vigiando esses bichos. Ali nós nascemos... Nós fomos crescendo, nos formando. Com isso ela começou a filhar – teve mais sete filhos, todos sem pai. Mas a minha vó recusou ela de uma vez. Ela trabalhava no campo com os outros, aonde tinha trabalho ela ia. Quando eu fiz 7 anos a minha avó adotou a outra, meu par; ela é branquinha, bem branca, e a minha mãe ficou comigo. Quando eu inteirei 7 anos, minha mãe me deu pra uma índia. Eu levei dois anos com essa índia no rio Curapá. Meu tio viu que eu estava muito sossegada, que não tinha notícia. Ele levou quatro dias andando de canoa nesse beiradão pra dentro do rio Curapá pra me encontrar. E me encontrou na tribo onde ela estava e me trouxe. Quando eu inteirei 10 anos apareceu uma tia minha, a irmã da minha mãe, e me levou pra Santarém. E assim eu fui me criando no seio das outras famílias, porque minha mãe não tinha condições.

Quando minha mãe me deu pra Santarém, eu levei três anos. Foi dez, onze, doze. Eu só sei dizer que eu vim de lá com 13 anos. Aí, nós não tínhamos como sobreviver, a minha mãe era pobrezinha mesmo; quando falo pobreza é pobreza mesmo. Mas eu já sabia ler, já sabia escrever, já sabia fazer conta. Aí, eu olhei para um lado e outro e falei: "Meu Deus, como a gente vai viver aqui? Meu Pai, como o pessoal vive aqui, mamãe?" Quando chegava o Regatão, mamãe trocava tantos cachos de bananas por três quilos de açúcar, uma barra de sabão. Azeite, óleo de cozinha. Era desse jeito!

Tinha muitos pescadores, pessoas que trabalhavam, pegavam os peixes, e a gente via aqueles peixes grandes, tambaquizão bonito. Nós tínhamos gado e eu disse: "Mamãe, vambora vender esse gado pra gente comprar uma mercadoria pra vender aqui?" Porque nós já sabíamos fazer conta. O que a gente fazia? Levava açúcar, café, farinha, sabão, o que mais fosse de necessidade no interior. E a gente vendia. Depois nós fizemos, eu e ela, amizade com os pescadores, com os pais de família. Mandamos eles pegarem o peixe e não matarem, porque naquele tempo não tinha gelo e a pobreza era muita, nem sal eles tinham condições de comprar, então eles prendiam o peixe vivo. Quando era de madrugada, duas horas da manhã, eles chegavam em casa, batendo na varanda, com aqueles peixões bonitos, tambaquis, surubizão! A gente embarcava. Você imagina que a gente atravessava o Amazonas três horas da manhã pra chegar às seis horas da manhã para vender o peixe na beira. Não existia motor nessa época, quem tinha motor era rico.

MAS DEPOIS, QUANDO EU TINHA 15 ANOS, A MAMÃE ME DEU PARA UMA FAMÍLIA PARA EU PODER ESTUDAR. MAS EU NÃO TIVE SORTE, NÃO. NAQUELE TEMPO, PRA ESTUDAR A GENTE ERA ESCRAVIZADO, TINHA QUE TOMAR CONTA DE CASA, DE FILHO, TINHA QUE ARRUMAR TUDO E IR PRA ESCOLA SÓ SE SOBRASSE TEMPO, E SEM GANHAR UM TOSTÃO.

Eu me casei com 20 anos. Meu marido era muito colega dos meus amigos, dos meus irmãos. Aí, as minhas irmãs disseram: "Olha, é com esse rapaz que você tem que casar". Aí eu me casei, levei seis meses e me casei. Eu pensava que o meu marido era uma pessoa de quem eu pudesse esperar alguma coisa boa. Ele era ignorante, não criava as coisas pra ter, a mãe dele que fazia tudo. Depois de dois anos, eu me sujeitei a trabalhar mesmo. Eu ia pra roça, plantava milho, era aquilo. Montei um comércio, mas não deu certo porque onde morávamos era campo. Depois de dois anos tive o primeiro filho, que é o Manuel. De dois em dois anos eu tive um filho; tive dez filhos. Aguentei. Depois de uns quinze anos de casados, ele virou alcoólatra.

Uma vez, eu dei um dinheiro pro primo dele comprar dois sacos de milho aqui em Juruti e ele gastou tudo em bebida. Os meus capões, estava com setenta capões, que eram frangões bonitos, iam todos morrer. Eu disse: "Hoje vou lá pra baixo ver se eu consigo alguma coisa pros meus bichos comerem". Quando eu cheguei na casa da minha mãe, baixando, eu com o meu filho que já estava com 2 anos. "Mas Lourdes, o que tu tá fazendo por aqui, mulher?" Eu disse: "Ah mamãe, eu vim atrás de umas comidas pros meus bichos". "Mas não tem por aqui." "Eu vou lá no terreno da tia Juca. Lá tem." "Lourdes, não vá lá, Lourdes. Mas tu é muito corajosa, mulher." Ia dar umas nove pra dez horas. "Tu te lembra que faz dois anos que a tia Geralda falou com o filho dela, que era morto há muitos anos, e falou com ele embaixo daquelas árvores? Castanheira grande? Ali tem visagem, menina. Não vá, mulher. Não vá." "Não, eu vou. Visagem quem faz é a gente", falei bem assim pra ela, "barquei" o moleque e fui embora. Quando cheguei lá, ancorei a canoa, puxei, e falei pro menino: "Olha, meu filho, fica aí na canoa enquanto eu vou lá em cima", e subi. Naquilo que eu subi, vi muita castanha embaixo da árvore. Aí começou a visagem.

Apareceu um cachorro. Branquinho, branquinho, parecia um algodão. O cachorro veio abanando o rabo pro meu lado, eu peguei no queixo dele, macio. Deitou embaixo da árvore, eu juntei as castanhas. Apareceu um gavião em cima. Fui na canoa, peguei um paneiro. Paneiro é pra gente carregar as coisas no interior, pra levar pra qualquer parte. Botei as castanhas no paneiro, quando ia pra carregar, estava com o meu chapéu de palha, o gavião vinha, "coisava" na minha cabeça. Por que ele faz isso comigo? Eu ainda falei: "Não estou mexendo com teus filhos, nem no teu ninho, fica pra lá! Deixa eu juntar as castanhas". Só eu lá, falando com os bichos. Quando eu fui carregar de novo o paneiro, lá vem ele. Não sei se ele cantava, se ele chorava. Meu Deus do céu. Aí, eu disse pro menino: "Embarca na canoa que eu vou jogar o paneiro com a castanha daqui". Fiz isso. Até que eu levei a canoa cheia de castanha. Quando eu cheguei na casa da minha mãe, parecia uma hora e meia da tarde. "Mas agora mulher, que tu vem de lá? O que estava fazendo na castanha?" "Ah, mamãe, entrei numa história boa pra lhe contar. Um gavião me judiou, mamãe. Eu botava o paneiro na minha cabeça, ele vinha e arranhava minha cabeça, e nunca que eu enxerguei esse gavião. E eu carreguei assim, o paneiro na minha frente para eu poder conseguir. E lá apareceu um cachorro branco também, não sei se caiu de algum motor, ou se eu dei alguma coisa. Mas não tem casa lá pra baixo." Ela disse: "Aquele cachorro é vigia de lá, com certeza". Eu deixei umas castanhas pra ela, ovo, e fui embora pra minha casa.

A minha casa era muito longe. De lá eu ia na canoa com uma vela, velejando. Cheguei em casa umas cinco e meia da tarde. Cansada. O menino também cansado. Naquilo que eu fui pro meu quarto, uma voz apareceu pra mim: "Olha, lá onde você estava com uma criança, nunca mais leva o teu filho". Aquela voz, assim, mas não aparecia a pessoa, era só a voz. "Nunca mais leva o teu filho. Aquela coisa que aparecia, aqueles ovos que estavam lá, foi pra criança ficar lá se entretendo. Aquele cachorro branco que tu viste é mãe de lá. O gavião é dono de lá. Toda vez que você for lá, você pede, pois todas as coisas têm seus donos. Outra coisa que eu vou te dizer. Tu és uma pessoa que nós precisamos ajudar, eu quero te ajudar." Eu procurava falar, ver a pessoa e não tinha como. Ela disse: "Tu é uma mulher muito batalhadora. Nunca mais viva do jeito que tu vive, tu trabalhas muito. A vida que tu pensava que ia levar, tu não levaste, mas se tu soubesse conseguir isso aqui, nunca mais tu ia fazer o que tu fazes. Olha, embaixo de onde tu estava tem uma bacia, ela é grande, tá cheia de ouro. Lá onde o cachorro deitou, lá está. Agora, só uma coisa eu te peço, não vá pela frente, e nem leve a criança. Leva o teu marido. Tu só pode conseguir isso com o teu marido". Meu Deus, fiquei assim... até que desapareceu. Aí, parecia que não tinha acontecido nada comigo, eu peguei a lapiseira, anotei tudinho que ela me falou, para eu não esquecer. Fiquei neutra, pensando, aquilo não saía do meu pensamento. Quando foi na outra noite, de novo, já era mais de meia-noite, aquela voz. Meu marido não estava, estava pescando. "Olha, tu vai, mas vai com o teu marido e não vai pela frente, vai por 'detrás'. Tu só consegue isso se tu levar o teu marido." Passou na terceira noite, de novo. Aí, eu falei pro meu marido. Ele estava cuidando de um pirarucu grande que ele tinha matado, de uns 30 quilos. Deixei ele preparar tudinho, ele alegre: "Com esse pirarucu eu vou viajar agora, Lourdes". "Pra onde você vai?" "Eu vou pra Juruti vender."

Quando ele chegou, ele levou um corte pra mim. Ele disse: "Olha, trouxe um pano pro seu vestido". Fiquei olhando. Aí, eu falei assim pra ele: "Mas um dia, se Deus quiser, eu não vou vestir esse paninho aqui, eu vou só vestir roupa bonita". Ele disse: "Por que tu tá falando assim?", e ficou sério. "Não, porque eu vou vestir, mesmo. Eu tenho uma coisa pra te contar, mas só quando você estiver bem."

Aí, ele ficou, disse: "Mas eu estou bem". "Olha, são três noites que eu sonho. Você lembra que eu fui pegar castanha lá na tia Juca? Assim, assim e assim. Toda noite vem. Mas tenho que ir contigo e por 'detrás'. E que não leve criança. Aqueles ovos que eu trouxe pra cá, a voz disse que colocou lá pra criança não subir nos altos. E aí?";

"MAS EU PREFIRO ANDAR VESTIDO COM UMA SACA DE SARRAPILHA, MAS LÁ EU NÃO VOU. LÁ, MAS NEM PENSAR! SE TU QUISER AGORA, NÓS NOS SEPARAMOS, MAS LÁ EU NÃO VOU, EU VOU FICAR NA MINHA POBREZA."

"Tudo bem, tá bem." Passou na outra noite de novo, tornei a sonhar, aquilo veio de novo, aquela voz. "Teu marido não vai, então, você vai perder. Convida ele mais uma vez, me ajuda. Eu estou aqui porque há muito tempo a gente não podia ter nada que a gente era morto. A gente enterrava essas joias, tudo o que a gente tinha." E os antigos contam isso mesmo, que eles enterravam. No tempo da Cabanagem, eles enterravam tudo o que tinham pra não ser mortos. Mas acabou que ele não foi mesmo. Depois de dois anos, aquilo caiu que foi tudinho, foi levando tudo, uma extensão da terra.

Com isso, toda noite me perturbava, foi o tempo que eu vim pra cá em Juruti, aquela voz sempre comigo. Aí, eu fui em Parintins, consultei, mas ninguém me falou nada. Até que um dia eu me aproximei de uma senhora, acho que ela sabia essas coisas do outro mundo, sei lá. "Já teve contato com alguma voz, alguma coisa?" "Eu tive." E contei pra ela. "Então, se mude. A senhora não recebeu essas coisas que a senhora tinha que receber, mas a senhora vai receber de outro jeito. Ore por essas pessoas, elas estão sofrendo." Eu cheguei aqui, comecei a trabalhar. Eu trabalhava no campo com os outros. Se tinha um trabalho ali, uma família que precisasse, eu ia lá.

Eu tenho motor, tudo adquirido com as minhas coisas, meu trabalho. Terreno no interior eu tenho, tenho gado. O melhor hotel que tinha era o meu. Teve quarto que eu fiz; eram dezesseis quartos, fiz mais quatro, inteirei vinte. Era o pessoal que vinha para explorar o negócio de ouro, diz que tem ouro aqui, acho que tem mesmo. Acabou que eu fiz os quartos, pintei, mandei fazer tudinho, mas ninguém entrou. Quando foi um belo dia, em 85, Dia dos Pais, segundo domingo de agosto, eu fui à missa de noite. Quando cheguei, tinha uma festa lá para um bairro e todo mundo foi para lá. Estava um menino lá, eu falei: "Fecha esse comércio, filho, tem pouca gente, pede licença pro rapaz que está bebendo, vambora fechar. E vamos lá no Bom Pastor". Naquilo que ele fechou o comércio, começaram a bater na porta, 'pi-pi'. Era porta de ferro. Aí, ele disse: "Dona Lourdes, vamos orar a Deus, está caindo a frente da cidade". Aí correram e foram falar pro prefeito que a frente do Juruti estava caindo. Já tinha caído a primeira parte do cais. Foi tudo rápido. Levou uns três anos caindo, sempre caindo, todo dia caía um pedaço, ia desmoronando. A frente da água era muito forte lá. A água batia, sei lá, aquilo é uma erosão, a força daquela água.

Aí, a crise começou na minha vida. Eu almoçava e não jantava, ou então jantava e não almoçava. Era desse jeito. Filho não sabia por onde eu andava. Pegava o motor, lá onde eu sabia que estava dando dinheiro eu ia vender o meu produto. Era completar 150, 200 sacas de farinha... Meu marido falava: "Lourdes, para". "Eu não posso parar, homem, tu é parado, eu não posso parar, não quero ver meus filhos sofrerem, eu quero sofrer, mas não quero ver meus filhos sofrerem."

Eu não parava. Tinha gente que falava: "Mas essa mulher...". Eu não parava em casa, não. A pior coisa é você terminar as suas coisas, ficar de mão cruzada esperando que caia do céu, que não cai. Deus te ajuda, mas ajuda você trabalhando.

Meu sonho é terminar isso daqui; vai dar pra terminar, se Deus permitir. Eu tenho outro terreno, estou com intenção de vender todo o meu gado, porque a gente não acha gente de confiança. Eu tenho mais setenta reses lá, tem dias que a minha filha diz: "Mãe, vamos fazer esse gado, vamos vender tudinho para refazer o teu ponto lá em cima". Então, é preferível fazer uma coisa em que a família trabalhe. Porque se eles perderem, vão perder o que é deles. Eu sempre aviso pra eles: "Pegue isso com duas mãos, porque isso daqui eu já venho suando há muito tempo, e sonhando. Consegui, isso aqui vai ficar para o futuro de vocês, não pude dar a educação de vocês, mas isso aqui dá pra vocês viverem".

AILTON KRENAK

POR WASHINGTON NOVAES

AS LIÇÕES DO AILTON

Ailton Krenak é uma pessoa extraordinária, que está no centro da política brasileira há mais de vinte anos – quem não se lembra dele, rosto pintado, no Congresso brasileiro, lutando pela inclusão dos direitos indígenas no texto da Constituição de 1988? Conseguiram, ele e seus companheiros.

Depois, passei a encontrá-lo em eventos, entrevistas na televisão. Em uma destas, contou o mito fundamental de um dos nossos povos indígenas – dos yanomami, creio –, para quem o universo tem a forma de duas grandes abóbadas, uma côncava, acima, outra convexa, abaixo, sobre a qual estamos; e esse povo fica entre as duas, segurando com as mãos a abóbada superior e impedindo que ela desabe sobre a inferior – porque morreríamos todos. Pesada missão. E maravilhosa, além de confortadora, como disse ao Ailton: quem correria o risco de extinguir esse povo e ver acabar-se o mundo?

Em outra ocasião, convidei-o, em Goiânia, a ir no nascer do dia conhecer o Monumento às Nações Indígenas, obra extraordinária do artista Siron Franco, que, com seus próprios recursos, em uma área imensa, traçou, com metais, gesso e outros materiais, o perfil do Brasil e seu interior, com enormes ícones, estátuas, efígies e outros objetos – cada um tendo nele, desenhadas, figuras das culturas indígenas. Um deslumbramento que o poder público, que nada investira ali, deixou desaparecer, depredado.

Ailton ficou encantado. Percorreu o interior e o perfil brasileiros, olhou cada imagem. Depois, começou a brincar, escondendo-se atrás de uma, aparecendo atrás de outra, rindo muito. E terminou tamborilando com os dedos várias delas, produzindo sons com os quais se extasiava.

Quando saiu, comentou: "Vocês, brancos, são curiosos: mesmo quando resolvem homenagear os índios, fazem coisas enormes, estátuas, pinturas, para durar séculos; na nossa cultura, ao contrário, tudo é corriqueiro, passageiro, temporário, o tempo leva e depois faz de novo".

Agora, está aqui o Ailton contando suas histórias, transmitindo lições – como a da importância de ser diferente, a importância da identidade e da memória. Poderia acrescentar o que já me disse: "No dia em que não houver lugar para o índio no mundo, não haverá lugar para ninguém".

É preciso abrir os ouvidos, nesta hora de crise do padrão civilizatório.

Washington Novaes é jornalista, referência nacional no debate dos temas de meio ambiente e povos indígenas.

AILTON

NASCEU EM 1953, NO TERRITÓRIO WATÚ, ENTRE O ESPÍRITO SANTO E MINAS GERAIS

"NÃO NASCEMOS IGUAIS, NÃO MORREMOS IGUAIS, POR CAUSA DA NOSSA MEMÓRIA."

DEPOIMENTO AO MUSEU DA PESSOA EM 04/09/2007

Krenak é o nome da minha família indígena, que vive na divisa do Espírito Santo com Minas Gerais. Na verdade, ali é o Watú, que é como chamávamos essa região, bem antes dos portugueses chegarem aqui. Nasci em um córrego que se chama córrego do Itaberinha, na bacia do rio Doce. Ele joga a água dele no rio Doce, e o rio leva as nossas ideias, pedidos, lembranças, lamentações, e despeja lá no mar.

Meu pai se chama Neném, e a minha mãe, Nesita. A história deles é bacana mesmo. O meu vovô Pedro, pai da minha mãe, conheceu o meu pai num roteiro de viagem que ele estava fazendo, levando uma família de alemães. O meu vovô Pedro estava com a mulher dele e as filhas – tia Leonisa, tia Fifina, tia Lurde, tia Lidinha. A minha mãe era uma menininha. Aí meu avô passou num vale onde meu pai estava com alguns parentes dele, ainda vivendo perto de um rio que se chama Pancas, região que é mais Espírito Santo do que Minas.

O meu pai largou o grupo dele e acompanhou o meu avô, o pai da minha mãe. E aí, ele ficou vendo minha mãe, e os dois já se entenderam, gostaram logo um do outro, e virou casamento. Casou com a minha mãe e ficou ajudando o meu vovô, aprendendo coisas, fazendo roça.

Uma das coisas que meu pai aprendeu e que influenciou minha relação com ele, e com o mundo também, é que ele aprendeu a ser ferreiro. Botar um aro de ferro na roda do carro de boi, fazer ferradura pra cavalo, fazer foice, facão, machado. Então, quando eu tinha 6, 8 anos, ele colocava os filhos – eu, o Benjamim e o Assir – pra puxar uma cordinha de couro, um fole, pra sair o fogo.

ACREDITO NUMA CORRENTE. NÓS ACHAMOS QUE TODOS OS NOSSOS AVÓS, BISAVÓS, TATARAVÓS, TODOS OS NOSSOS ANTEPASSADOS QUE VIVERAM AQUI NA TERRA CONTINUAM NUMA CORRENTE, REPORTANDO ATÉ O PRIMEIRO SER HUMANO QUE EXISTIU, SE COMUNICANDO COM A GENTE.

Temos uma ligação direta com eles, com os nossos ancestrais, e a gente invoca eles no nosso pensamento, com os nossos cantos, com as nossas danças, com os nossos ritos. Esses são os ritos da tradição. Tradição é uma coisa que diz respeito a um povo que andou pelado no meio do mato, usando adornos de semente, de palha, coisas efêmeras que o vento leva, que a chuva leva.

E houve a tentativa de aniquilar a gente. Em 1808, quando dom João VI chegou aqui no Brasil, com a Corte de Portugal, fugindo, o primeiro ato dele foi declarar guerra de extermínio aos botocudos do Vale do Rio Doce. Esse decreto de guerra só se extinguiu quando acabou o Império, com a Proclamação da República; os caras não pararam a guerra. A guerra contra os botocudos durou de 1808 a 1893.

Tudo quanto era botocudo encontrado transitando pelos caminhos, perdido nas estradas, acampado ou aldeado, podia ser morto. Se o camarada que capturasse nossos parentes apresentasse um par de orelhas, numa fieira igual àquela de carregar peixe, ganhava 2 mil-réis. Se ele apresentasse quatro pares de orelhas ganhava uma grana legal. Então, tinha gente que passava a vida só cortando a cabeça de botocudo e entregando orelha lá no regimento militar, no quartel, e ganhando recompensa. Os botocudos furavam a orelha, a orelha ficava larga, por causa de um brinco de pau grande. Então, quando se capturava um botocudo, a prova de que era um botocudo e não um brasileiro sem botoque é que ele tivesse a orelha dilatada; assim era um botocudo adulto. Essas baixarias que o Estado fez contra a gente, que a história provocou contra a nossa família, quase aniquilaram a nossa memória.

Fisicamente nós fomos reduzidos a trinta e poucos indivíduos na metade do século XX. Hoje nós somos 300 pessoas. Mas número é tudo bobagem. Você pode ter um contingente de indivíduos, milhares de indivíduos, mas que não formam uma comunidade. Você pode ter 1 milhão de pessoas que não formam uma comunidade, mas pode ter dez indivíduos, três, quinze, vinte, que formam. O que forma uma comunidade é um conjunto de símbolos, de valores transcendentes ou transcendentais, que são dados pela nossa memória.

Não morremos iguais, não nascemos iguais, por causa da nossa memória. Se a gente não tiver essas memórias, se a memória da gente for toda plasmada numa mesma ideia de mundo e de vida, aí nós vamos todos ficar no mesmo tom, né? Fica aquele samba de uma nota só. A diversidade, a riqueza maior que nós temos são as nossas diferenças.

Tenho o desejo de que as crianças do mundo inteiro possam se chocar com a natureza, e não viver separadas da natureza, porque acho que enquanto a gente puder se chocar com ela vamos continuar tendo a memória dos antigos seres humanos, que são os nossos ancestrais. Quando a gente parar de se chocar com a natureza, podemos continuar sendo humanos, mas vamos ser muito diferentes desses antigos seres humanos que a gente aprendeu a amar, a reverenciar pelas coisas boas que significaram e significam pra gente.

Os meninos de 4, 5 anos já são capturados por quatro paredes, enfiados em algum sistema de controle, e não podem botar a mão num poraquê, que é um peixe elétrico, e levar um choque, não podem levar mordida de cobra, não podem levar picada de aranha. E isso são possibilidades de se chocar com a natureza... Falando em natureza, o registro mais forte que ficou da minha infância foi que meu irmão ganhou uma potrinha linda, e botou o nome dela de Natureza. Ela criou, ficou linda. Um dia, a Natureza lá, vi que tinha um monte de palha embaixo dela. Peguei uma vara e fui puxar as palhas. Ela deu um sinal: não tinha gostado, balançou o rabo. Passei a vara de novo, ela não teve dúvida: me meteu um coice bem na boca do estômago. Ela tinha tanta força! Lindona, fortona... Pou! O sacizinho subiu, sem ar, sem nada, todo mundo foi me socorrer, né? Aprendi que minha alma capturou a alma daquela natureza. A Natureza me deu um coice na boca do estômago e me ensinou muito mais do que alguns anos de escola, de curso, de treinamento, oficina e outras asneiras.

Vou fazer aniversário em setembro. E quero continuar em contato com a memória, a memória dos nossos antepassados. Vou viajando, viajando, entrando nos mananciais de visões, as histórias antigas, as visões que os antepassados deixaram pra gente. Aí é muito legal. Pensei em um Memorial Indígena, que não é uma coisa que eu inventei. Mas quando passava balaio no corregozinho, junto com os meninos, já estava testando esse Memorial. Um tempo atrás, eu tinha uns 20 e pouco, 30 anos, tive contato com essas ideias de tecnologias. Fiquei pensando que queria muito fazer alguma coisa com relação às tecnologias tradicionais. Ainda nem tinha esse negócio de desenvolvimento sustentável, não era uma coisa tão difundida. Mas tinha comida, garapa, rapadura, as farturas todas. Com os engenhos simples, as coisas de madeira, o moinho d'água, a pedra triturando o milho. Será que a criança de hoje sabe? Que com uma roda d'água, uma engenhoca com pedras friccionando uma com a outra tira farelo, tira fubá, tira milho?

E tem aí o Veveco Hardy, o arquiteto mineiro... Ele conversava comigo, me perguntando o que a gente ia fazer dentro desse Memorial. Ele gostava de cozinhar. Aí ele falou: "E comida, vai ter?" "Sim, tem que ter uma cozinha." "Mas a gente faz cozinha igual índio? Faz cozinha lá fora?" Aí eu falei: "É, Veveco, tem as malocas grandes lá fora, a gente podia deixar lá perto daquelas malocas um lugar pra cozinhar". Essa ideia continua.

Eu gostaria que as crianças todas pudessem ser mais livres. Já fui pro Japão, pra Europa, Estados Unidos, andei pela América Latina, entrei em lugares que só doidão, só guerrilha mesmo é que anda, fui em reunião no Banco Mundial, no Congresso Americano, na ONU, quem sabe na CIA, na KGB? Já andei nesses lugares todos, e pra mim não tem importância nenhuma, porque o lugar mais bacana do mundo que eu já fui mesmo foi dentro daqueles córregos, passar peneira, enfiar balaio, andar no lombo de burro. Ficar enfiando cana na engenhoca, com medo da cana puxar a mão da gente lá pra dentro. Os nossos tios pegando a garapa, as vasilhas de garapa, e jogando num caldeirão enorme, numas fornalhas gigantes, que eles tinham que botar um monte de lenha pra queimar, e fazendo melado, fazendo aquelas coisas. O cheiro daquele material todo de cana, cana moída, o cheiro de café, esse cheiro da natureza, mudando em cada época do ano.

Então, a terra dá um imenso manual de vida pro menino. E a gente não pode privá-los, ainda mais no comecinho da vida deles, desse choque com a terra, com a natureza. Isso é de alguma maneira antecipar esses adultos, essas futuras gerações de adultos, que fico pensando que vão ser diferentes dos antigos seres humanos que aprendemos a amar. Escutamos as histórias deles, né? Eles correm mais risco.

Quanto mais diferentes, no sentido profundo e radical, mais beleza, mais riqueza, mais vida nós vamos ter. E quanto mais iguais, quanto mais do mesmo molde nós formos, mais a gente vai correr o risco de empobrecer a nossa potência como expressão da vida. A identidade e a memória são os rios que carregam a gente na nossa experiência.

MINIBIOGRAFIAS

Antônio Luiz de Matos nasceu e se criou no Vale do Jequitinhonha, Minas Gerais. É dono de vasto conhecimento sobre plantas que curam e sobre instrumentos musicais de origem africana. Por causa de sua excelência na arte de fazer tambores, recebeu o carinhoso título de Mestre Antônio, mas prefere ser chamado de Antônio Bastião.

Maria Florescelia Bandeira Piovan tinha 15 anos quando um homem, que nunca havia visto, convidou-a para "ir embora para Fortaleza". Viveu muitos anos com Carlos, que era casado. Quando ele morreu foi para São Paulo, onde se tornou uma bem-sucedida manicure. Apaixonada por cinema, fez vários cursos e escreveu um roteiro a partir de sua história de vida.

Yoneko Seimaru é filha de pais japoneses, que chegaram ao Brasil depois de uma saga pessoal. No País, sua família trabalhou na agricultura e também com transportes. Mais tarde, ela e o marido decidiram abrir a Pastelaria Oriente, que tem hoje cerca de quarenta anos.

Rosa Fajersztajn é filha de judeus poloneses e cresceu com os pais em uma comunidade rural. Aos 16 anos, ligou-se ao Partido Comunista. Na Segunda Guerra, atuou na resistência contra os alemães e esteve presa em um gueto e em dois campos de concentração. Mora na cidade de São Paulo, onde se casou e teve dois filhos.

Manoel Bezerra de Vasconcelos nasceu na zona rural pernambucana, teve uma infância difícil e acabou migrando com a família para São Paulo. Arrumou trabalho em uma pastelaria e se encantou com a cultura oriental. Tornou-se faixa preta em cinco modalidades de artes marciais, casou-se com uma chinesa e hoje é motorista de táxi.

Elifas Vicente Andreato é um dos maiores artistas gráficos brasileiros. Entrou como estagiário na Editora Abril, tornando-se diretor de arte dois anos depois. Há treze anos, Elifas edita com os filhos o *Almanaque Brasil*, revista de cultura popular.

Neives Baptista foi ceramista e motorista de ônibus. Aposentado, começou a se dedicar ao Carnaval e à confecção do sopapo, instrumento musical de origem africana. Criou uma orquestra, hoje regida pelo filho. Teve formação católica, mas desde criança exerce a mediunidade e é membro ativo da umbanda.

Valdete da Silva vive em Minas desde criança. Seus pais morreram muito antes de ela fixar lembrança deles e, desde então, foi inventando sua identidade. Já idosa, percebeu a depressão de mulheres do bairro onde mora, em Belo Horizonte. Criou o grupo musical Meninas de Sinhá, que é sucesso local e em todo o Brasil.

Sebastião Marinho da Silva começou aos 20 anos a trabalhar como repentista e cantador e foi um dos fundadores da União dos Cordelistas, Repentistas e Apologistas do Nordeste (Ucran). Tocou no comício das Diretas Já, dirigiu programas de rádio e escreveu, em cordel, uma adaptação do clássico *Romeu e Julieta*, para despertar nas crianças o interesse pela poesia.

Rodrigo Mendes era um rapaz como outros da classe média paulistana e ficou tetraplégico aos 18 anos, numa tentativa de assalto. Tornou-se artista, revivendo um dom antigo, e transformou sua arte em uma missão de inclusão social, hoje representada pelo Instituto Rodrigo Mendes.

Aloisio Pellon de Miranda se formou em Geologia pela UFBA e é doutor em Análise de Bacias Sedimentares pela UFRJ. Ingressou na Braspetro em 1982, permanecendo até a incorporação da subsidiária pela Petrobras, em 2002. Atuou na área internacional como consultor de exploração e produção (em projetos com Iraque, Irã, Líbia, Iêmen e Bolívia).

Maria Sylvia Farina Matos se formou assistente social e trabalhou muitos anos na Prefeitura de São Paulo com 48 anos, descobriu seu primeiro câncer, no pulmão. Vencido este, surgiram outros e sua história é a da luta contra a doença, com muitas vitórias e alegrias. Sylvia faleceu em 2011 e deixou um legado de luta e esperança a todos.

Geraldo Moreira Prado foi alfabetizado pela irmã e na infância teve pouco contato com livros. Viajou de pau-de-arara para São Paulo e formou-se em História na USP. No Rio de Janeiro, fez mestrado e doutorado em Ciências Sociais. Doou para o povoado em que nasceu uma biblioteca que tem hoje cerca de 100 mil livros, a maior biblioteca rural do mundo.

Idaliana Marinho de Azevedo se formou nas comunidades eclesiais de base. Tornou-se educadora e trabalhou como faxineira, em fábrica de castanha e fazendo chapéu de palha para estar perto de comunidades que precisavam de apoio. Criou, no Pará, a Associação Sociocultural Educativa Rural Mocambo-Pauxi, de educação e cidadania.

MINIBIOGRAFIAS

Antonia Nunes Café, conhecida como dona Antonia Fogo, porque "não leva desaforo para casa", morava em Barra da Cruz, inundada pela construção da barragem de Sobradinho, e foi transferida para 700 quilômetros dali. A saudade a fez organizar um grupo de famílias que voltou para a região alguns anos depois.

Amilcar José Costa Carvalho, o Mica, adotou na juventude o sobrenome de um avô e, com a namorada Sofia, partiu de Portugal para uma grande viagem até Macau, onde nasceram seus filhos, Eloi e Sásquia. Fotógrafo, Mica viveu no Brasil com a família entre 2006 e 2011, depois de uma nova aventura pelas Américas.

Raí Souza Vieira de Oliveira cresceu jogando bola com os cinco irmãos em Ribeirão Preto. Era um garoto tímido, mas seguiu os passos do irmão, Sócrates, e se tornou um dos mais admirados jogadores brasileiros. Em 1998, criou a Fundação Gol de Letra, que promove a inclusão social e é reconhecida pela Unesco como instituição modelo.

Roberto da Silva morou em abrigos da Febem desde os 2 anos e nas ruas em sua juventude. Acabou preso por um longo período, e na prisão começou a estudar. Mestre em Sociologia, ele criou a História do Presente, organização que promove a cidadania de pessoas vítimas de exclusão social, resgatando a identidade de quem vive casos parecidos com o seu.

Maria de Lourdes Pimentel Sampaio foi a primeira de oito filhos de uma mãe solteira no Amazonas. Com muito trabalho, conquistou sua autonomia e construiu um dos primeiros hotéis da cidade de Juruti, no Pará, com uma vista única e o irresistível cheiro de suas comidas.

Ailton Alves Lacerda Krenak ficou internacionalmente conhecido, em 1987, ao falar durante a Assembleia Constituinte com o rosto pintado com pasta de jenipapo, em sinal de luto pelas leis que considerou um retrocesso para a luta indígena. Ajudou a fundar a União das Nações Indígenas e a Aliança dos Povos da Floresta.

Museu da Pessoa

Conselho Consultivo
Alberto Dines
Bruno Silveira *(in memorian)*
Danilo Santos de Miranda
Eliezer Batista
José Eduardo Bandeira de Mello
Maurita Holland
Paul Thompson
Paulo Nassar
Thom Gillespie
Wellington Nogueira

Sócios-Fundadores
Carlos Seabra
Cláudia Leonor Oliveira
Elza Ferreira Lobo
Fernando Von Oertzen
Immaculada Lopez Pietro
Iris Kantor
Jesus Vasquez Pereira *(in memorian)*
José Santos Matos
Karen Worcman
Mauro Malin
Osvaldo Martines Bargas
Paulo Henrique Marra Dias
Roberto da Silva
Rosali Henriques
Rosana Miziara
Sérgio Ajzenberg
Zilda Kessel

Conselho Fiscal
Carina Pimenta
Carolina Misorelli
Daniel Becker
Giuliana Ortega Bruno

Comitê executivo
Karen Worcman (Diretora-presidente)
Márcia Ruiz (Memória Institucional)
Sônia London (Formação e Disseminação do Conceito)

Projetos editoriais
José Santos

Sustentabilidade
Frederico Barletta

Conte Sua História
Rosana Miziara

Acervo
Ana Maria Leitão (Consultoria)

Administrativo e Financeiro
Bruce Gonçalves
Iuri Balzana dos Santos
Keli Cristina Garrafa
Marcela Fogare Meira

Projeto editorial
Karen Worcman e José Santos

Editor
Otávio Nazareth

Organizador
José Santos

Edição de textos
José Santos, Karen Worcman e Guilherme Salgado Rocha

Projeto gráfico
Daniel Brito

Produção editorial
Rúbia Piancastelli e Jéssica Silva Carvalho

Pesquisa
Acervo Museu da Pessoa

Revisão
Monalisa Neves

Fotografia
Marcia Zoet/illumina - p. 17, 33, 40, 72, 113, 139, 146 e 154, André Lobo - p. 87 e 104
Antonia Domingues - p. 56 e 121, Sásquia Salgado - p. 129, Divulgação - p. 48, 80 e 164

Entrevistadores
André Goldman, Cláudia Leonor Guedes de Oliveira, Heci Maria Candiani, Gabriela Nassar, José Santos, Karen Worcman, Stela Maris Scatena Franco, Thiago Majolo, Márcia de Paiva, Winny Choe, Márcia Ruiz, Camila Prado, Márcia Trezza, Rosana Miziara.

Impressão
Corprint

Dados internacionais de catalogação na publicação (CIP)
(Câmara Brasileira do Livro, SP, Brasil)

Todo mundo tem uma história pra contar /
[organizador José Santos]. -- São Paulo : Editora
Olhares : Museu da Pessoa, 2012.

ISBN 978-85-62114-17-5

1. Biografias 2. Genealogia I. Santos, José.

12-12427   CDD-920

Índices para catálogo sistemático:
1. Famílias : Biografia   920

OLHARES
editoraolhares.com.br

Museu da Pessoa
museudapessoa.net

© Editora Olhares, Museu da Pessoa e Autores, 2012

Este livro foi composto em Amarelinha - Pintassilgo Prints e Sentinel HTF,
impresso pela gráfica Corprint sobre papel offset 120g/m² em outubro de 2012.